折射集
prisma

照亮存在之遮蔽

Manifeste pour la philosophie
Alain Badiou

当代激进思想家译丛
● 丛书主编 张一兵

哲学宣言

[法] 阿兰·巴迪欧 著 蓝江 译

南京大学出版社

激进思想天空中不屈的天堂鸟
——写在"当代激进思想家译丛"出版之际

张一兵

传说中的天堂鸟有很多版本。辞书上能查到的天堂鸟是鸟也是一种花。据统计,全世界共有40余种天堂鸟花,在巴布亚新几内亚就有30多种。天堂鸟花是一种生有尖尖的利剑的美丽的花。但我更喜欢的传说,还是作为极乐鸟的天堂鸟,天堂鸟在阿拉伯古代传说中是不死之鸟,相传每隔五六百年就会自焚成灰,由灰中获得重生。在内心里,我们在南京大学出版社新近推出的"当代激进思想家译丛"所引介的一批西方激进思想家,正是这种在布尔乔亚世界大获全胜的复杂情势下,仍然坚守在反抗话语生生灭灭不断重生中的学术天堂鸟。

2007年,在我的邀请下,齐泽克第一次成功访问中国。应该说,这也是当代后马克思思潮中的重量级学者第一次在这块东方土地上登场。在南京大学访问的那些天里,除去他的四场学术报告,更多的时间就成了我们相互了解和沟通的过程。一天他突然很正经地对我说:"张教授,在欧洲的最重要的左翼学者中,你还应该关注阿甘本、巴迪欧和朗西埃,他们都是我很好的朋友。"说实话,那也是我第一次听到这些陌生的名字。虽然在2000年,我已经提出"后马克思思潮"这一概念,但还是局限于对国内来说已经比较热的鲍德里亚、德勒兹和后期的德里达,当时,齐泽克也就是我最新指认的拉康式的后马克思批判理论的代表。正是由于齐泽克的推荐,促成了2007年南京大学出版社开始购买阿甘本、朗西埃和巴迪欧等人学术论著的版权,这也开辟了我们这一全新的"当代激进思想家译丛"。之所以没有使用"后马克思思潮"这一概念,而是转启"激进思想家"的学术指称,因之我后来开始关注的一些重要批判理论家并非与马克思的学说有过直接或间接的关联,甚至干脆就是否定马克思的,前者如法国的维里利奥、斯蒂格勒,后者如德国的斯洛特戴克等人。激进话语,可涵盖的内容和外延都更有弹性一些。这一新的研究领域已经开始成为国内西方左翼学术思潮研究新的构式前沿。为此,还真应该谢谢齐泽克。

那么,什么是今天的激进思潮呢?用阿甘本自己的指认,激进话语的本质是要做一个"同时代的人"。有趣的是,这个"同时代的人"与我们国内一些人刻意标举的"马克思是我们的同时代的人"的构境意向却正好相反。"同时代就是不合时宜"(巴特语)。不合时宜,即绝不与当下的现实存同流合污,这种同时代也就是与时代决裂。这表达了一切**激进话语**的本质。为此,阿甘本还专门援引了尼采①在1874年出版的《不合时宜的沉思》一书。在这部作品中,尼采自指"这沉思本身就是不合时宜的",他在此书"第二沉思"的开头解释说,"因为它试图将这个时代引以为傲的东西,即这个时代的历史文化,理解为一种疾病、一种无能和一种缺陷,因为我相信,我们都被历史的热病消耗殆尽,我们至少应该意识到这一点"②。将一个时代当下引以为傲的东西视为一种病和缺陷,这需要何等有力的非凡透视感啊!依我之见,这可能也是当代所有激进思想的构序基因。顺着尼采的构境意向,阿甘本主张,一个真正激进的思想家必然会将自己置入一种与当下时代的"断裂和脱节之中"。正是通过这种与常识意识形态的断裂和时代错位,他们才会比其他人更能够感知**乡愁**和把握他们自己时代的本质。③我基本上同意阿甘本的观点。

阿甘本是我所指认的欧洲后马克思思潮中重要的一员大将。在我看来,阿甘本应该算得上近年来欧洲左翼知识群体中哲学功底比较深厚、观念独特的原创性思想家之一。与

---

① 尼采(Friedrich Wilhelm Nietzsche, 1844—1900):德国著名哲学家。代表作为《悲剧的诞生》(1872)、《查拉图斯特拉如是说》(1883—1885)、《论道德的谱系》(1887)、《偶像的黄昏》(1889)等。

② Friedrich Nietzsche, "On the Uses and Abuses of History to Life", in *Untimely Meditations*, trans. R. J. Hollingdale, Cambridge: Cambridge University Press, 1997, p. 60.

③ [意]阿甘本:《裸体》,黄晓武译,河南大学出版社2015年版,第7页。

巴迪欧基于数学、齐泽克受到拉康哲学的影响不同，阿甘本曾直接受业于海德格尔，因此铸就了良好的哲学存在论构境功底，加之他后来对本雅明、尼采和福柯等思想大家的深入研读，所以他的激进思想往往是以极为深刻的原创性哲学方法论构序思考为基础的。并且，与朗西埃等人1968年之后简单粗暴的"去马克思化"（杰姆逊语）不同，阿甘本并没有简单地否定马克思，反倒力图将马克思的批判精神与当下的时代精神结合起来，以生成对当代资本主义社会存在更为深刻的批判性透视。他关于"9·11"事件之后的美国"紧急状态"（国土安全法）和收容所现象的一些有分量的政治断言，是令西方资本主义国家政要为之恐慌的天机泄露。这也是我最喜欢他的地方。

朗西埃曾经是阿尔都塞的得意门生。1965年，当身为法国巴黎高师哲学教授的阿尔都塞领着整个西方马克思主义科学思潮向着法国科学认识论和语言结构主义迈进的时候，那个著名的《资本论》研究小组中，朗西埃就是重要成员之一。这一点，也与巴迪欧入世时的学徒身份相近。他们和巴里巴尔、马舍雷等人一样，都是阿尔都塞的名著《读〈资本论〉》（*Lire le Capital*，1965）一书的共同撰写者。应该说，朗西埃和巴迪欧二人是阿尔都塞后来最有"出息"的学生。然而，他们的显赫成功倒并非因为他们承袭了老师的道统衣钵，反倒是由于他们在1968年"五月风暴"中的反戈一击式的叛逆。其中，朗西埃是在现实革命运动中通过接触劳动者,以完全相反的感性现实回归远离了阿尔都塞。

法国的斯蒂格勒、维里利奥和德国的斯洛特戴克三人都算不上是后马克思思潮的人物,他们天生与马克思主义不亲,甚至在一定的意义上还抱有敌意(比如斯洛特戴克作为当今德国思想界的右翼知识分子,就是反对马克思主义的)。可是,在他们留下的学术论著中,我们不难看到阿甘本所说的那种绝不与自己的时代同流合污的姿态,对于布尔乔亚世界来说,都是"不合时宜的"激进话语。斯蒂格勒继承了自己老师德里达的血统,在技术哲学的实证维度上增加了极强的批判性透视;维里利奥对光速远程在场性的思考几乎就是对现代科学意识形态的宣战;而斯洛特戴克最近的球体学和对资本内爆的论述,也直接成为当代资产阶级全球化的批判者。

应当说,在当下这个物欲横流、尊严倒地,良知与责任在冷酷的功利谋算中碾落成泥的历史时际,我们向国内学界推介的这些激进思想家是一群真正值得我们尊敬的、严肃而有公共良知的知识分子。在当前这个物质已经极度富足丰裕的资本主义现实里,身处资本主义体制之中的他们依然坚执地秉持知识分子的高尚使命,努力透视眼前繁华世界中理直气壮的形式平等背后所深藏的无处控诉的不公和血泪,依然理想化地高举着抗拒全球化资本统治逻辑的大旗,发自肺腑地激情呐喊,振奋人心。无法否认,相较于对手的庞大势力而言,他们显得实在弱小,然而正如传说中美丽的天堂鸟一般，时时处处，他们总是那么不屈不挠。人类社会发展的历史已经明证，内心的理想是这个世界上最无法征服也是力量最大的东西，这种不屈不挠的思考和抗争，常常就是燎原之前照亮人心的点点星火。因此，有他们和我们共在，就有人类更美好的解放希望在！

目 录

哲学宣言 …………………… 001
1. 可能性 …………………… 003
2. 前提 ……………………… 010
3. 现代性 …………………… 019
4. 流俗版海德格尔 ………… 024
5. 虚无主义? ……………… 030
6. 缝合 ……………………… 037
7. 诗人时代 ………………… 044
8. 事件 ……………………… 053
9. 问题 ……………………… 064
10. 柏拉图的姿态 …………… 072
11. 类性 ……………………… 076

附录一 哲学本身的回归 … 083
附录二 哲学的定义 ……… 113

哲学宣言

1. 可能性

在今天的法国，仍然有生命力的哲学不多了，尽管在其他地方，毫无疑问，哲学还依然健在。可以说，我们伸出十根手指就可以很轻松地数出幸存的哲学的数量了。是的，微不足道的十种哲学。一方面，我们可以理解，对于我们的时代而言，可以分辨出其哲学独特的话语；另一方面，我们可以忽略掉那些评论作家，那些学识渊博的大师，那些空洞无物的随笔作家。

十种哲学？或者更恰当地说，十种"哲学"？有许多人会说，哲学是不可能的，业已终结，或者干脆将其塞到别的地方去。以拉库-拉巴特（Lacoue-Labarthe）①为例，他说："我们不必再处在哲学的热望之中。"同样，让-弗朗索瓦·利奥塔（Jean-François Lyotard）②说："哲学的大厦已成废墟。"我们有可能去设想一个根本没有最基本的架构的哲学吗？这是一种"废墟的写作"（écriture des ruines），一种"显微学"（micrologie），一种"涂鸦"的耐心（利奥塔将涂鸦看成当代思想风格的隐喻），这些东西还与"哲学"相关。不过，我们是否可以理解为它们更多的是一种关系，而不是单纯的等同？此外，我们逝去的最伟大的拉康先生，难道不是一个"反哲学家"吗？我们又如何解释利奥塔只愿意在对绘画的评论中涉及显在（présence）的命运，吉尔·德勒兹最后一本主要著作是以电影为主题，拉库-拉巴特（有点像德国的伽达默尔）全身心地投入到策兰的诗学方向之中，而雅克·德里达唤醒了让·热内（Jean Genet）③？我们所有的"哲学家"都在进行转行的写作，这

---

① 拉库-拉巴特（1940—2007）：法国哲学家和思想家，他同时也是法国著名的文学批评家和翻译家。拉库-拉巴特在哲学思想上深受海德格尔、德里达、拉康、保罗·策兰及德国浪漫主义的影响。——中译注
② 让-弗朗索瓦·利奥塔（1924—1998）：法国哲学家、后现代主义理论家。1950年至1952年在阿尔及利亚的君士坦丁中学任教，1955年参加阿尔及利亚社会主义团体，抨击法国殖民。后任教于巴黎第八大学。他1979年出版的著作《后现代状况》是"后现代主义"的定名之作，书中认为现代科学的特点是排斥或压抑建立于叙事之上的合法性形式，强调叙事的节奏形式能够固定和容纳自然时间的无规律性。——中译注
③ 让·热内（1910—1986）：法国著名且颇具争议的小说家、剧作家、诗人、文论家。热内早年曾是个流浪者，还曾因偷盗罪被捕，后来转而从事写作。著有小说《布雷斯特之争》《小偷日记》《鲜花圣母》，戏剧《严加监视》《阳台》《黑奴》《屏风》等。——中译注

是对哲学间接的支撑，也是对哲学转弯抹角的参照，所以，这种对哲学领域逃避式的转移会让哲学坠落在不宜哲学居留的地方。在这种逃避转移的中心之处——某些人渴望既非诗人，亦非信徒，更不是"犹太人"——我们发现，由于海德格尔加入国家社会主义党而引发了简单的联想，即我们的时代所建立起来的进步体制（这个体制与我们相对立）。在对进步体制审判记录［其中最典型的证据就是科雷马（Kolyma）① 和奥斯维辛］的读解中，我们这些哲学家都背负着这个世界沉重的负担。归根结蒂，自柏拉图以降的数个世纪以来，哲学家都不得不去认罪（plaider coupables）。科学家们（他们也被多次送上审判席）、战士们、政治家们都不会认为这个世纪（译注：指20世纪）的大屠杀会影响他们的整体。社会学家、历史学家、心理学家在毫无罪责之下走向繁荣。只有哲学家们内化了这种观念，即他们的思想让他们遭遇了这个世纪历史上和政治上的罪行，在之前的世纪都如此运行的哲学，在这个世纪，既成为前进的障碍，与此同时也被判决为在理智上有集体的和历史的失职之罪。

很明显，我们可以思考一下，在罪行的认识（intellectualité）上，将哲学单独凸显出来，其中有着诸多的傲慢。

---

① 科雷马：苏联远东东北地区的一条河流的名字。1932年至1956年期间，斯大林曾在这里设立了臭名昭著的古拉格集中营。后来苏联杰出作家索尔仁尼琴以此为原型创作了小说《古拉格群岛》，并在1970年获得诺贝尔文学奖。——中译注

当利奥塔将拉库-拉巴特"第一次在哲学上对纳粹主义进行规定（détermination）"时，他想当然地认为这种"规定"可以是一种哲学的浮现（relever）。在今天，这绝不是一清二楚的。例如，我们知道，物理运动规律的"规定"在任何情况下都不会上升到哲学。我个人坚持认为，即便古代的存在之所为存在（l'être-en-tant-qu'être）①也不单单会上升为哲学问题：这个问题还会涉及数学。因此，完全可以想象，对纳粹的规定，如将纳粹规定为一种政治，这样让其避免了一种特殊的思考方式，即自柏拉图以降，在哲学名义下所坚持的那种思考方式。我们那些温和地认为哲学陷入困境一派的人或许会坚持去追寻这样的观念，即"所有东西"都会上升为哲学。从这种思辨的极权主义出发，事实上可以看到，海德格尔涉足国家社会主义的行为只是其哲学的结果之一。是什么让海德格尔作出假设，即纳粹

---

① 这个法语概念是巴迪欧思想中的一个核心概念，并在巴迪欧的代表著《存在与事件》中反复出现。这个词的起源是亚里士多德在《形而上学》中对哲学的界定："有一门科学，任务是探讨存在之所为存在（法文为 l'être-en-tant-qu'être，英译为 being qua being）以及存在之所为存在所具有的各种属性。"在吴寿彭先生的译本中，这句话被翻译为"有一门学术，它研究'实是之所以为实是'，以及'实是'由于本性所应有的禀赋"，参见亚里士多德，《形而上学》，商务印书馆1959年版，第69页。而在苗力田先生的《亚里士多德全集》第七卷收录的《形而上学》中，这句话的翻译是："存在着一种研究作为存在的存在，以及就自身而言依存于它们的东西的科学。"参见苗力田，《亚里士多德全集》第七卷，中国人民大学出版社1991年版，第84页。从对希腊语的"η"（法语中的 en-tant，英译为 qua，而英文的 qua 的翻译则是当时拉丁文对希腊文中"η"的翻译）的用法来看，其意为"让某物成为某物"，因而吴寿彭先生的译本更为精到一些；但对于"ον"（即法语中的 être，或英语中的 being），在习惯上，我们已经接受了存在这种译法，"实是"的译法固然有其精到之处，但这样的翻译会显得生疏，因此在这里特取吴苗二位先生之长，翻译为"存在之所为存在"。——中译注

所实现的德国人民的"果断的决心"（décision résolue）转移到他作为阐释性的教授的思考之中？提出哲学——也只有哲学——要对这个世纪的政治的崇高或者罪恶负责。这有点类似于黑格尔所说的理性的吊诡，而这个吊诡离我们那些反辩证法的人士的装置（dispositif）非常之近，其设定了一个根本性的规定。我们知道，存在着一种时代精神（un esprit du temps），而哲学是对这种时代精神的把握与凝聚。相反，让我们想象一下，如纳粹主义并非哲学可能的对象，即它并非在哲学思想自身秩序之内真正让哲学成型（configuer）的前提（conditions）之一，它并非哲学思考的事件，而这并不标志着它是不可思考的。

由于这种傲慢变成一种危险的缺陷，这时我们的哲学家们将对这个世纪罪行的指控放在哲学的大门口，一并得出结论说哲学陷入死局（impasse）①，而这些罪行在本质上是不可思考的。对于那些认为要灭绝欧洲犹太人的任何人，都必须从海德格尔思考的出发点开始，对之进行哲学上的评价，而哲学的死局事实上是毋庸置疑的。我们走出困境可能的方式就是去表明，在这里，对于所有概念而言，存在着某种不可思考、不能解释、成为碎片化的剩余。有人试图牺牲哲学本身来保留这种傲慢：因为哲学必须思考纳

---

① 尽管在法文中 impasse 经常被看成是死局和绝境，但在这里，巴迪欧使用了这个词的字面意思，即无法通行。在下文中，巴迪欧谈到 impasse 是"不可通过的"就是在这个意义上使用的。——中译注

粹问题,而哲学却没有途径去思考。哲学必须思考的东西是不可思考的,亦即哲学在无法通行的死局中穿过。

我的建议是,我们扔掉这个负担(sacrifier l'impératif)①,并宣布:如果哲学无法对灭绝欧洲犹太人的罪行概念化的话,那么对之进行概念化并非哲学的责任,而且哲学没有能力这样做。只有诉诸其他的思想秩序(autre ordre de la pansée)才能让这种思考变得可行。例如,以政治(la politique)②的基点开始对史实(即历史)进行考察。

宣布什么东西"终结了",完成了,或陷于彻底的死局,这些从来就不是真正谦和的说法。宣布"宏大叙事(grands récits)的终结"与宏大叙事本身一样不够谦逊,而只有在确定性的形而上学要素之内,"形而上学的终结"的确定性才能成立。对主体概念的解构需要一个中心范畴——比如存在——而这个中心范畴的历史指向甚至比主体概念更具有决定色彩,等等。由于被其所假定的对

---

① sacrifier l'impératif 从字面直译过来是"牺牲这个必然命令",不过在法语的通俗用法中,sacrifier 也有"放弃"的意思。根据这里的上下文,巴迪欧的意思应为哲学不应当去承担对屠戮欧洲犹太人进行思考的任务,否则哲学必然陷入困境,因此,哲学在这里应该卸下这个包袱。鉴于此,在这里将这个短语意译为"扔掉这个负担"。——中译注

② 巴迪欧的 politique 有阴性和阳性之分,这种区分源于卡尔·施米特的《政治的概念》。阳性的政治 le politique 指的是一种被秩序化的政治,对应于亚里士多德《政治学》中的 bios;而阴性的政治 la politique,则是一种原生性的政治,对应于亚里士多德的 zoē。在当代的西欧激进理论中,阴性政治和阳性政治有着重要的区别,意大利思想家阿甘本(Giorgio Agamben)的代表著《神圣人》(*Homo Sacer*)的立论就是基于这样的区分之上。我在《政治性与政治:后原教旨主义的政治视野——以穆芙和巴迪欧为例》(《江苏社会科学》2011 年第 1 期)一文中曾对这两个概念的区分与使用进行过详细的说明,按照这种区分,我将阳性的政治翻译为"政治性",而将阴性的政治翻译为"政治"。——中译注

象——如灭绝、集中营——的悲剧性本质所克制,哲学改变了自己不可能性的形象,变成一种预言性的姿态。它接受了这个时代阴郁的色彩,但它没有想到这种审美化的方式**依然**是对受害者的冒犯。对卑劣之事拟人化的忏悔完全是一种姿态、一种欺骗(imposture),如同绝对精神(l'Esprit)再次降临人间(la parousie)的冲锋号响起一样。历史终结的结局就是,与这种终结一样,与之一刀两断。

一旦哲学涉及的范围被划定,"终结"的悲怆就让位于另一个问题,即什么是哲学的前提。我并没有说在任何时候哲学都是可能的。我所提出的是对让哲学成为可能的前提进行一般性的考察,同时需要考察的还有其命运。历史的暴力会打断哲学的进程,但这并不成为我们不深入考察哲学的明证。必须承认希特勒的奇特的胜利,他的党羽们公然宣布他们试图将一种不可思考的东西引入思想,从而打断了思想的"建构"实践。难道我们必须承认纳粹那种幻想出来的反理智主义在其军事挫败之后对我们进行了复仇?我们知道,思想本身,即哲学或政治的思想,没有能力使用一种试图消灭这种反理智主义的力量。让我自己讲得更清楚些:如果犹太人的死没有带来导致他们死亡的领域的终结,那么这就等于让犹太人第二次死去,一边是革命政治,另一边是理性主义哲学。对受难者最至高无上的尊重不能仅仅停留在心灵的震撼上,不能停留在对罪行反反复复的自我控诉上。这种尊重在于看到,在那些刽子手眼中，将这些罪行看成是对大写人性的表达的设定仍然会延续下去。

我不仅认为哲学在今天是可能的，而且这种可能性也不具有最终阶段的形式。相反，问题的关键在于明白如下意思：**向前再进一步**（faire un pas de plus）。仅仅是一步。这是在现代构型（la configuration moderne）中的一步，而这一步自笛卡尔以降，就将三个关键概念，即存在、真理和主体，同哲学的诸前提绑在一起。

2. 前提

哲学已经开场了，在所有的历史构型（les configurations historiques）中，哲学并不存在，它的存在方式就是时间上的突变（discontinuité），就如同在空间中一样。因此，我们必须预先假定，哲学需要某些特殊的前提条件。如果我们想衡量一下古希腊城邦国家、西方古典绝对君主制、资产阶级议会制社会之间的差别，我们可以立即看到，任何企图从纯客观的"社会形势"的基底，或者从宏大的意识形态、宗教或者神话话语中来确定哲学的前提都是注定失败的。哲学的前提是彼此贯穿（transversale）的，它们有着统一的程序（procédure），而这些程序在一定距离之外才能得到认识，它们与思想的关系保持恒定（invariant）。

这种恒定性的名称（nom）非常清晰：它的名称就是"真理"（vérité）。这些成为哲学前提条件的程序就是真理程序（procédures de vérité），而这些程序可以在它们的递推（récurrence）中得到认识。我们不再相信那些人类群体用来让人类起源或命运变得神秘化的话语。我们知道奥林匹亚①仅仅是一座山的名字，而上天（Le Ciel）②仅仅是由氧元素和氢元素所组成的。在今天，正如欧几里得（Euclid）在其《几何原本》（Éléments）中描述的那样，素数（nombres premiers）数列的无限性（illimitée）可以得到证明；菲狄亚斯（Phidias）③无疑是一位伟大的雕塑家；雅典民主制是一项政治的创造，民主问题至今仍然影响着我们；爱设定了一个大写的二（un Deux），主体被这个大写的二所穿透。这样我们就可以理解，当阅读萨福（Sappho）④或者柏拉图时，就如同阅读皮埃尔·高乃依

---

① 这里指的是希腊神话中的奥林匹亚山，而在这座山上有着以宙斯为首的奥林匹亚诸神的谱系。——中译注

② Le Ciel 在法文中的原意是天空，但由于巴迪欧在这里将其首字母大写，就不是指的一般意义上的天空，而是泛指那种带有诸神或者属灵性的上天。——中译注

③ 菲狄亚斯是古希腊的雕刻家、画家和建筑师，被公认为最伟大的古典雕刻家。雅典人。其著名作品为世界七大奇迹之一的宙斯巨像和帕特农神庙的雅典娜巨像。——中译注

④ 萨福是公元前7世纪希腊著名女抒情诗人。她一生写过不少情诗、婚歌、颂神诗、铭辞等，引起后世谱多猜测、附会。著有诗集九卷，大部分已散佚，现仅存一首完篇、三首几近完篇的诗作，以及若干断句。周作人先生早年曾译介她的诗歌。——中译注

(Pierre Corneille)① 或萨缪尔·贝克特（Samuel Beckett)②。

不过，所有这些东西并不总是存在着。有不需要数学的科学家，而在另一类人那里，"艺术"与某种已经陈旧不堪的神圣功能结合在一起，让"艺术"对我们来说不再那么清晰。有些人的爱是缺乏的，或者是说不出来的，而在另一些人看来，专制制度从来不需要在政治上创新，甚至不能去宽容那些可以思考的创造。从整个人类时代算起，这些程序依然十分稀少。如果古希腊文明目睹了哲学的诞生，这并不是因为它在诗歌的神话渊源中承袭了某种神圣之物（la Sacré），也不是因为在某种关于存在的秘传性陈述的名义下，它非常熟稔地对显在（la Présence）进行遮蔽。其他一些古代文明在诗性的道说（profération）中发展成为存在的神圣的沉淀物。古希腊文明的独特性毋宁在于它借助世俗化和抽象的陈述方式打断了关于起源的叙述，

---

① 皮埃尔·高乃依（1606—1684）：出生于法国西北部的鲁昂，是17世纪上半叶法国古典主义悲剧的代表作家，法国古典主义悲剧的奠基人，与莫里哀、拉辛并称法国古典戏剧三杰。主要作品有《熙德》、《西拿》、《波利耶克特》和《贺拉斯》等。他的剧作题材丰富，内容深刻，对当时的法国社会产生了很大影响。——中译注

② 萨缪尔·贝克特（1906—1989）：20世纪爱尔兰、法国作家，创作的领域包括戏剧、小说和诗歌，尤以戏剧成就最高。他是荒诞派戏剧的重要代表人物。1969年，他因"以一种新的小说与戏剧的形式，以崇高的艺术表现人类的苦恼"而获得诺贝尔文学奖。主要作品有《莫菲》、《马龙之死》、《莫洛瓦》、《无名氏》、《等待戈多》等。——中译注

污损了诗的名誉,而转向数元(mathème)①,它将城邦看成一个开放的、可容争辩的、空缺的权力,并将激情的风暴带上舞台。

第一个哲学构型提出如何在一个单独的概念空间中处置这些程序问题——将这些真理程序理成一个系列——这样就展现了在思想中,它们是如何共存的,而这个哲学构型所具有的名字就是柏拉图。"来到这里的没有人不是几何学家",这让柏拉图将数元作为哲学的前提。在模仿的基础上,对诗人令人悲叹的消解将他们从城邦中驱逐出去——这让我们理解到一种公开地对观念的感性把握——既指明了诗有瑕疵,而诗又必须接受为了抵抗叙事那不可逃避的打断的检验。至于爱,《会饮篇》和《斐多篇》这些无法超越的文本中给出了爱与真实的关系。最后,政治创造被设定为一种思想的纹理(texture):在柏拉图《理想国》卷九的末尾,他清晰地指出,理想城邦既非程式,亦非现实,

---

① mathème 是巴迪欧哲学中非常难以翻译的一个词汇,这个词来源于拉康的讲座,并被巴迪欧在自己的哲学中大量使用。拉康在1973年的讲座中第一次将mathème 的概念引入在 "眩晕"(l'Étourdit)的部分(这个部分后来被收录在拉康的《讲座20》中)。一般来说,这是拉康从 "数学" 一词引申过来的一个关于新逻辑主义的术语,而这个术语与列维-施特劳斯所提出的神话元(mythème)相对应,而在列维-施特劳斯那里,神话元指的是构成神话体系最基本结构的东西。那么,mathème 正是拉康的代数学的一部分。不过,mathème 这个词在古希腊就存在,其希腊语为 "$\mu\dot{\alpha}\theta\eta\mu\alpha$",其意思是学习。实际上,拉康在其精神分析中将mathème作为整体知识转换的模式(如拉康强调的L模式,即S/s的模式)。不过对于巴迪欧而言,mathème 指的是让哲学成为可能的科学的真理程序和前提。在与国内一些专门研究拉康精神分析的朋友讨论之后,我参照他们的译法,即译为数元。——中译注

至于理想城邦存不存在或可不可能存在并非最为关键的问题，那么这就不是一个政治问题，而是思想的政治前提的问题，是对诸理性内在于哲学并对之进行形式化的问题。对之而言，倘若政治不包含一种真正的可能创造的状态，就不会有哲学。

这样，我们会提出，哲学存在四个前提，缺乏其中一个都会导致其荡然无存（dissipation），犹如四个前提限定了其游荡（apparition）。这四个前提是：数元、诗、政治创造和爱。我们将这些前提的集合称为类性程序（procédures génériques），为何这样称呼，我之后会回来谈这个问题，这个问题也是《存在与事件》一书的中心。也正是出于这些理由，四种类型的类性程序对所有可生产出真理的程序进行了说明和归类（即存在着科学真理、艺术真理、政治真理和爱的真理）。因此，我们可以说，哲学需要这些在所有让真理得到证明的秩序中，存在着真理的前提。

于是，我们遇到了两个问题。首先，如果哲学将真理程序作为前提，这代表着哲学本身不能生产真理。事实上，这种情况众所周知，有谁可以举出一个哲学陈述，且这种陈述可以有意义地说出它是"真的"？不过，哲学真正的问题是什么？其次，我们认为哲学是"一"①，因为，如果说

---

① 这里值得注意的是，巴迪欧在这里使用的"一"是法语阴性的 une，而不是巴迪欧在谈论本体论和形而上学时常用的阳性的 un，引号是巴迪欧自己所加。在这里表达的是这种 une 与本体上的一（un）的区别。——中译注

作为哲学的文本具有某种"哲学"一般,那么是正确的。这种假定的统一何以用多种前提来维系?这个"四"(四种类性程序:数元、诗、政治创造和爱)与"一"(哲学)的根本关系是什么?我想要说明的是,这两个问题的唯一答案包含在哲学的定义之中,在这里,哲学的定义被表述为:在真的实切性(effectivité)的前提下,一种非实切(ineffective)的真实性(véracité)。

在事件发生的源起中,真理的程序或者说类性程序,迥异于知识领域的积累。如果除了那些可以适应于事物状态的规则的事物外,再无事情发生,那么,或许有某种认识,有某种正确的陈述,有某种积累起来的知识,但绝对不可能有真理。真理包含着如下悖论:这是当下的某种新事物,某种极其少见的事物,某种例外的事物,这种新事物正好触及了真理的存在。从本体论上说,这种新事物是最稳固的,也是最接近万物原始状态的东西。这个悖论必须得到充分展开,不过,很明显,真理之源(origine)就是事件的秩序。

为了简便起见,让我们将事物的状态称为"情势"(situation),即任何样态的"多"(multiple)[①]。为了让真理程序与情势本身相关联,一个纯粹的事件必须是对情势

---

① "一"与"多"是巴迪欧在自己哲学中最为核心的两个概念,在《存在与事件》中,他将古往今来的哲学问题都归纳为"一"与"多"的问题。在巴迪欧那里,"多"几乎与集合是同义语,同时也是事物真实状态的情势。——中译注

的补充。不过这种补充不能在情势的资源内（即情势的结构）来命名和表达。它需要用一个独特的命名来描述，让一个额外能指（signifiant en plus）登上舞台。而其对情势的影响正是让一个"额外名称"（nom-en-plus）得以出现，这个名称造就了类性程序，并对情势的真理进行了延搁（suspens）。因为，从一开始，在情势中，如果没有事件的补充，就没有真理，仅仅只存在我所谓的真实性。反过来说，通过来自于所有这些具有真实性的陈述的裂缝，在事件遇到其额外名称之时，真理才有可能降临。

哲学特殊的角色是，提出一个统一的概念空间，在这个空间中，**发生**对事件的命名，而对事件的命名是真理程序的起点。哲学试图**将所有的额外名称共聚起来**。在思想之中，哲学所面对的是作为其前提的诸真理程序的共存可能（compossible）的本质。哲学并不建立任何真理，而是圈定真理的范阈（un lieu）。哲学勾画出类性程序，通过热情接纳，并加以庇护，从而指向这些截然不同的真理程序。通过将作为哲学前提的诸程序的状态置于共存之中，哲学试图去思考其时代。无论如何，哲学的操作，往往旨在"放在一起"来思考，在一个独一无二的思想实践中，勾画出数元、诗、政治创造和爱［或者大二（Deux）的事件状态］在时代中的布局（disposition）。在这个意义上，哲学唯一的问题实际上就是真理的问题。并不是说哲学生产了许多真理，而是因为其提供了一种让我们接近诸多真理在一个时代中的统一体，提供了一个概念的位点，在其中，诸真理程序被认为是可能共存的。

当然，哲学操作不能理解为一种综述和总体化。四种类型的真理程序的事件性与异质性完全排斥了可以按照百科全书般的排列。百科全书是知识的维度，而不是真理的维度，真理要在知识上打洞（fait trou）。哲学甚至不总是必定提及（mentione）真理程序的陈述和具体说法。哲学概念所造就的是一般空间，在一般空间中，思想进入时间中，进入它的时代之中，只要这个时代的诸真理程序可以找到让它们可能共存其中的家园。恰当的隐喻并不是额外的记录，甚至不是系统的反思。其毋宁是运动的自由，在其前提状态的相关要素中，是思想运动本身的自由。在哲学的概念环境中，与诗、数元、政治革新和爱一样，本质上完全不同的诸多具体形象彼此关联起来，或者可以关系到这个时代的独特性。哲学并不生产真理，但生产其共存局面（conjoncture），即可以思考的诸真理的共存局面。

因为哲学是一种关于时代裂缝（brèche）思考的实践，是一种对其前提的反思的扭曲，所以，哲学总是通过那些漂浮不定的、原生的前提来维系自身。哲学将自己伫立在那些突兀的命名的边缘之上，通过这些命名，事件让类性程序运转起来。伟大哲学的前提——最深入触动了那些体制化的稳固的知识——是在一些危机中崭露出来的，数学的突破和悖论、诗歌语言的震撼、革新性政治的革命和挑战、两性关系的波澜起伏。在某种程度上，要预先在思想中欢迎和庇护那些大相径庭的程序，安排它们的共存可能的轨迹，尽管这种轨迹的纯粹可能性迄今仍然没有稳固地建立起来，哲学**加重了**（aggrave）这些问题。海德格尔非常正确地写道："哲学的真正功用恰恰就在于加重历史性此在以及从根本上说是加重绝对的在"，因为"沉重艰难是一切伟大事物诞生的基本前提之一"。① 即便我们将这个意义模糊的"伟大"放在一边，或许可以说，通过其共存可能的概念，哲学加重了真理的"可能性"。哲学的"加重"功能不是在它自己的思考领域中，而是在它与历史事实关联的领域中来设定真理程序。

哲学，通过建构出时代的思想空间，勾勒出其诸前提的体系在生成上的不一致（le devenir disparate），哲学是诸真理程序的实切性与它们当下存在的敞开问题之间衔接的桥梁。

3. 现代性

通过概念操作，哲学勾勒出其前提，一般来说，这些操作在一个或几个前提的范式之下来思考其时代。一个接

---

① 中译参照了海德格尔，《形而上学导论》，熊伟、王庆节译，北京：商务印书馆1996年版，第13页。

近于其事件位点，面对其持存（persistance）的困境的类性程序，是诸前提的真理共存可能性展开的主要参照系。这样，在古希腊城邦政治危机中，在欧多克索斯（Eudoxus）①之后对量理论的"几何"上的重塑中，柏拉图开始将数学和政治，将作为绝对律令的比例理论与城邦，变成思想空间的坐标轴，而其实践作用是由"辩证"一词来设定的。

数学和政治本体论何以共存？这就是柏拉图的问题，柏拉图的理念操作（opérateur）论提出了解决问题的支点。猛然间，诗发现自己遭受怀疑——不过这种怀疑是哲学构想可以接受的形式——此外，用柏拉图自己的表达，爱也"突然"与此下真理（vérité-ici）相遇，即一种难以辨认的大美降临（Beaute-advient），它既非言辞（logos）亦非认识（épistémè）。

我们同意，将某种哲学实存（existence）的序列（séquence）称为哲学的"时代"（période）②，对于这个序列来说，在其主要前提的阐明下，某种哲学的构想持续存在。在独特的事件之后的状态中（四种类性程序都可以在

---

① 欧多克索斯约公元前400年出生于尼多斯（Cnidus，今土耳其西南部），精通数学、天文学、地理学。他首先引入"量"的概念，将"量"和"数"区别开来。欧多克索斯对数学的第二个贡献是建立了严谨的穷竭法，并用它证明了一些重要的求积定理。——中译注

② période本意是时代，但在数学上表示"节段"，这里也可以翻译为哲学的"节段"。不过从下文来看，巴迪欧吸取的也是période一词在数学上的意义，即"节段"。不过我们仍然可以在这里看成巴迪欧所使用的一个双关，既是哲学的"时代"，也是哲学的"节段"。下面的译文中根据具体需要将这个词分别翻译为时代和节段。——中译注

这种状态中找到），时代创造了四种类性程序的关联。而事件之后的状态，处于概念的管辖之下，通过概念，类性程序被刻画在思想和循环的空间中，哲学成为这个空间的主导。以柏拉图为例，理念（Idée）是显露出来的操作，而其"真正"的根本原则是数。在理念的辖域内，政治性作为思想的前提被创造出来（那时，在对国王和守护者的教育中，算术和几何扮演着哲学王和引人注目的角色）。而模仿性的诗歌陷入困境，正如柏拉图在《高尔吉亚篇》和《普罗泰戈拉篇》中所说明的那样，在诗与智术（la sophistique）① 之间有一种悖论性的同谋关系（complicité）：诗是智术的奥秘，是智术的隐微教诲（ésotérique）②，因为它向它的王者（son comble）给出的是语言的弹性和变化。

这样，我们的问题如下：是否存在一种现代的哲学时代？在今天，这个问题变得异常尖锐，因为大多数哲学家宣布：一方面，真的有这样一个时代；另一方面，我们是这个时代完结的同时代人。这就是"后现代"所表达出来的意义。不过，甚至对于那些最小心使用这个词的人来说，

---

① la sophistique 本意是指古希腊中的智者智术之师，但说诗与智者有同谋关系是说不通的，因此这里只能指的是诗与智者所教授的智术之间的一脉相承的关系，所以在此将 la sophistique 翻译为智术。——中译注

② ésotérique 是一种密授的教育方式，在列奥·施特劳斯那里，曾专门区分了显白教诲（exotérique）和隐微教诲。一种是可以公开可说的教诲，可以用来教育绝大多数人；另一种是只能意会，不能言传的密授，只限于少数人之间秘传。可以参看列奥·施特劳斯的《迫害与写作艺术》，刘锋译，北京：华夏出版社 2012 年版。在这里，巴迪欧认为诗歌中总是包含着不能言明的东西，因此与密授的隐微教诲有着某种共谋关系。——中译注

哲学现代性的"终结",其操作——尤其是其主体范畴——业已消耗殆尽,这个问题在当下出现了,尽管它们是以形而上学的终结的形式来谈论这个话题的。此外,这种终结在很大程度上要归结于尼采的言说。

如果我们在经验上,将从文艺复兴直到今天的时代称为"现代",那么在哲学对其前提的构想中,从其不变的等级关系的意义上来看,当然很难谈论这个时代。事实上很明显:

1. 在欧洲古典时代,笛卡尔和莱布尼茨的时代,在伽利略事件的影响下,数学占据主导地位,伽利略事件的本质在于将无限带入数之中。

2. 以卢梭和黑格尔为起点,对法国大革命的强调,在历史-政治性的前提的辖域下,诸类性程序具有了共存可能性。

3. 在尼采和海德格尔之间,通过反柏拉图的反作用,艺术——其核心是诗——在其操作中进行了回归,通过这个操作,哲学将我们的时代设定为一个忘却性的虚无主义的时代。

于是,在这样一个时间性序列中,存在着提出诸类性程序共存可能性的秩序和主要参照系的替代变化。赋予这些概念不同的色彩(coloration)可以很好地见证这一替代变化，即从笛卡尔的概念秩序，黑格尔的概念的时代病症（pathos），到海德格尔元诗学的隐喻化之间的替代转换。

不过，这个替代转变并没有掩盖其下不变的东西，至少，直到尼采，同时被弗洛伊德、拉康以及胡塞尔加以拓展和深化的东西就是主体问题。这个问题，在海德格尔及其后继者们的著作中遭到了彻底的解构。马克思主义的政治和精神分析（对爱这个前提的现代诊治）对这个问题的修复关系到这些前提的历史事实，而不是关系到对待这些历史事实的哲学操作的终结。

因此，对主体范畴的处置核心且有组织的用法，便于我们去界定哲学的现代之时代。尽管这个范畴并没有被描述为一种构想，一种共存可能性的稳固的制阈（régime）①，像这样来提出问题就足够了：现代哲学时代终结了吗？这差不多是在说：对于我们时代而言，在诸真理的思想中提供其共存可能性的空间的行为，还继续需要和使用主体范畴吗，即便这个范畴已发生了极深刻的变化和颠覆？或者，反过来说，在我们的时代中，我们需要解构这个范畴吗？对于这个问题，拉康用一个彻底重构了的延续下来的范畴回答了这个问题〔这意味着，对他来说，现代哲学时代继

---

① régime 是政体和制度，但在法语中，这个词的使用非常复杂。雅克·朗西埃（Jacques Rancière）所使用的审美制阈（régime esthestique）中的 régime 同时具有制度体系和管辖范围两个层次的意思，为了可以同时表达这两个意思，这里将 régime 翻译为制阈。——中译注

续存在,这是克里斯蒂安·让贝(Christian Jambet)① 的视角,也是居伊·拉德罗(Guy Lardreau)② 和我自己的立场。海德格尔[还有德勒兹及一些新生代思想家,如利奥塔、德里达、拉库-拉巴特和让-吕克·南希(Jean-luc Nancy)③]则回答说,我们的时代是一个"主体性被迫走向终结的时代"。对此,他继续说道,最终,唯有超越和凌驾在这种"完结"之上,思想才能终结自身,而这不过是对大地毁灭性的客观化;主体范畴必须被摧毁,并作为形而上学最后的(准确地说,是现代的)祭坛,理性思想的哲学装置(其核心操作是范畴)如今被提到这样的层次上,即其忘却了"唯有当我们了解了这个事情,即已经在多少世纪中光辉灿烂的理性,恰恰是思想最无情的敌人时,思想才会开启"。

倘若如此,在何种基础上,我们仍然是伽利略主义者和笛卡尔主义者?即便主体成为了"怪异的"主体或空的主体,理性也臣服于事件的不可预知的偶然性,理性和主

---

① 克里斯蒂安·让贝(1949—):法国哲学家,2011 年让贝获得巴黎高等研究实践学院(l'École Pratique des Hautes Études)伊斯兰哲学的教职,而此前让贝长期担任巴黎饶勒斯·费里(Jules Ferry)学校预科班的文学教授。青年时代的让贝为毛主义所吸引,在 1969 年,他作为世界无产阶级的代表曾来到中国。——中译注

② 居伊·拉德罗(1947—2008):法国哲学家和哲学教授,1995 年至 2001 年间在哲学国际学院(Collège international de philosophie)担任总监。在法国,他被视为法国当代"毛主义"理论家和"新哲学"的倡导者。——中译注

③ 让-吕克·南希(1940—):法国哲学家,斯特拉斯堡大学哲学教授,是保罗·利科的博士,同时受教于德里达和利奥塔。——中译注

体仍然是便于哲学构想的渠道吗？真理真的是一种被遮蔽的无蔽（le voilement voilé），而其风险仅仅在于诗从言辞中的所获？或者，我们是否要通过诗，让哲学在自己的空间中，设定一起在蒙昧中延续着现代时代中彼此不相干的诸真理程序吗？我们必须继续吗，或说我们必须继续处于等待的沉思的过程中吗？这正是今天最重要的争论：去决定关于时代的思考的形式，这些思想形式——在哲学上是由爱、诗、数元和革新性政治的事件所激发出来的——是否仍然与胡塞尔所命名的"笛卡尔式的沉思"的局面紧密相关？

4. 流俗版海德格尔

那个主宰着大众意见，"流俗"的海德格尔说了些什么？他说道：

（1）形而上学的现代形象——如必须通过主体范畴来加以阐述——将会在这个时代中走向完结。真正意义上的主体范畴在于普世性的客观化过程中，这个过程的恰当名字是：技术的统治。而人的生成性主体（devenir-sujet）仅仅是建立其统治的最后的形而上学的变体："人变成主体而世界变成客体,也是自行设置的技术之本质的结果。"① 事实上,作为技术在大地上展开的结果,主体范畴不能让思想回溯到这种展开的本质。将技术看成存在的形而上学的最后的历史变体,也是形而上学时代的封闭,在今天,这种思考,对于思想本身而言,是唯一可能的程序。思想不能要求我们从主体范畴中建立起自己的位置:这样的要求与技术的要求是无法区分的。

(2) 技术在大地上的统治,导致了哲学的终结;在哲学的诸多可能性中,例如形而上学,不可避免地枯竭了。如果我们理解的"现代"是后笛卡尔主义的形而上学的构想,直到尼采之前,这种构想在哲学文本的布局中赋予主体或意识绝对优先的地位,那么准确来说,我们的时代不再是"现代"。因为我们的时代已经实现(effectuation)形而上学的最终形象,形而上学所能做的业已枯竭。最终,技术"冷漠"地扩展——其表述不再注定是哲学的,因为在技术之中,哲学,或者更准确地说包含和代表着主体权力的哲学,作为大地上摧毁一切的意识已经获得了其完结。

(3) 形而上学在技术上完结的两个主要的"必然"结果是现代科学和极权主义国家,这种完结可以也必须被思

---

① 中译参看海德格尔《林中路》,孙周兴译,上海:上海译文出版社 2004年版,第304页。

想判定为虚无主义,而非思想(non-pensée)的实现。技术让非思想达到其巅峰,至于思想,只有存在的思想,而技术就是在严格地对存在者(Seiendes)的考察中存在最终归隐的命运。技术实质上是一种意愿,一种同存在的关系,由于在**其总体中**实现了驯服存在者的意志,存在的忘却是至关重要的。技术是一种座架(Ge-stell)的意志,一种把握住"在那儿"的存在者,获得进行控制性操纵的无限制的可能。对于技术来说,存在唯一的"概念"就是**原材料**。这毫无保留地提出了一种无拘束的生产意志和毁灭意志。在存在者看来,这种意志构成了技术的核心,它也是虚无主义的,因为它对存在者的占有,一点也不去思考其存在和其对存在的遗忘,而正是它让其忘却了这种遗忘。这样做的结果是内在于技术的意志,让存在者的存在变成虚无,而其彻底地拥有着这种虚无。座架和把握的意志,准确地说,与消灭的意志是同一回事。对大地整体的毁灭是技术的**必然景象**,这并不是由于任何既定的实践都会促成这种风险,例如军事和核武实践;而是由于技术的本质在于,在虚无潜在和本质的形式中,让存在发生变化,野蛮地将存在仅仅作为一种实现意志可能性的存留。

　　于是,如果我们对之进行质疑,质疑思想以及其所展现的存在的命运,那么我们时代就是一个虚无主义的时代。对于思想,我们的时代通过彻底地遮蔽了思想的无蔽(éclosion),让其限制思想的实践,以及意志全身心地统治,从而回避了思想。至于存在,我们的时代发誓要去消灭存在。或者毋宁说:一旦存在出现,它立即将从其作为虚无的"命题"(pro-position)过渡到仅仅在一种原材料和一种无法预料的深层次的技术中归隐和逃避。

(4) 在现代(由于建立了技术的统治,人成为主体,世界成为客体),在我们时代中,随着技术无拘无束的客观化,只有少量的诗人独自宣扬存在。或者说,至少有少数人宣布了让思想反转的前提条件,从而摆脱技术意志的主观规定,走向无蔽和敞开(Ouvert)。诗的声音——仅仅只有诗——响起,作为敞开之冥思(recueillement)的可能性之根基,来反抗在技术作用下和存在者的封闭和无限制的功用性(disponibilité)。这些诗人就是无法超越的荷尔德林,还有里尔克和格奥尔格·特拉克尔(Trakl)①。这些诗人在诗歌中的用词在遗忘的肌理上撕开了一道道裂缝,留下并保存的东西不是存在本身——在我们时代的悲苦中,存在的历史命运已经完结——而是对存在的追问。诗人是牧者,守候着追问,而技术的统治让追问无法在苍穹之下发出声音。

(5) 哲学业已达到完结。留给我们的只是再一次发出

---

① 格奥尔格·特拉克尔(1887—1914):20世纪奥地利著名诗人。特拉克尔的诗作富于象征性和多重意义,是德国表现主义诗歌的代表。——中译注

追问之声,而追问之声正是诗人所守候的东西,去理解自古希腊的源头之后,这种追问何以贯彻到整个哲学史的话语当中。在今天,思想处在**诗人的前提限定之下**。在这个前提下,诗人回溯到对哲学起源的解释,走向形而上学的原初姿态。它找出了自己命运的钥匙,在**遗忘迈出的第一步**上,找到了它自己在实际中的完结。遗忘的第一步就是柏拉图。对柏拉图"转向"的分析关系到存在和真理的关联,这决定了对存在历史命运的把握,而在去毁灭的挑唆下,在我们的眼前,存在的命运走向完结。这个"转向"的核心在于向真理和存在解释一种理念,即诗的终结,而——在这里用我自己的话来说——让数从中受益。柏拉图用典型的数的理想来解释诗与隐喻性叙述,海德格尔将此解释为存在的命运的航舵方向,驶向了对其无蔽的遗忘,消除了古希腊诗性语言中那原初的适切性(appropriation)。因此,我们或许可以说,回溯到起源,让其从诗人的词句中获得其前提,回到古希腊诗人、前苏格拉底诗人和思想家的语词中,而他们仍然维系着存在的去蔽与被遮蔽的无蔽之间的张力关系。

(6)思想有着如下三重运动:在诗人的语词中获得前提;解释性地回溯到柏拉图的转向,这个转向决定了存在的形而上学时代的来临;对前苏格拉底思想起源的解释。通过这三重运动,我们可以提出回到诸神,回到事件的命题，在那里，通过对存在的庇护，通过一种对去蔽和无蔽的存在命运的思考的再次展开，而不是作为深不可测的深度的存在者的功用性，俗世的危险（毁灭的意志将人——作为技术的公仆——置于这个危险之中）将被超越，或魔幻般销声匿迹。回归诸神的前设可以通过诗人所教的思想来表述，很明显，这个前设不能**公开声明**。说"只有一个上帝才能拯救我们"的意思是：诗人所教的思想——在柏拉图转向的认识下进行教育，并被前苏格拉底古希腊的解释所翻新——或许可以在虚无主义的最核心处支持这种可能性，缺乏任何开启道说的方式与途径，大地也没有的再次神圣化。在这里，"拯救"并不是一种弱意义上的灵魂的补充。"拯救"意味着：引导人与大地摆脱毁灭，在存在晚期的技术形象中，存在将这种毁灭作为其存在者的意志。所论之上帝，乃是命运发生转折（détournement）的上帝。它并不是去拯救灵魂，而是去拯救存在，让存在摆脱让其置于危险之中的东西，摆脱在其晚期的历史事实中无法改变的存在自己本身。在存在之中的自我拯救，让我们走向悲惨的终结，亦即技术的终结，去冒险让命运发生转折。只有在最极度的危险中，才能获得拯救。

5. 虚无主义？

我们不应该认为，"技术"一词——即便我们使用古希腊语中的 τεχνη——可以正确地界定我们时代的本质，也不应该认为"技术在大地上的统治"与"虚无主义"之间有任何关系。海德格尔对于技术的沉思、估量和抨击，无论传播得多么广泛，绝不是始终如一完全荒谬的。我们必须大声地指出，许多人私下提炼的海德格尔的思想是：海德格尔关于这个点的文本并不以任何方式来回避这一倾向。"林中路"，明眼的农民，大地的荒废，扎根于自然之中，让玫瑰盛开，所有这些感伤都出自于阿尔弗雷·德·维尼（Alfred de Vigny）①："在这头冒着青烟，轰鸣怒吼的钢铁公牛背上，人骑上去实在太快了。"对我们的"政论家"而言，如乔治·杜亚美（Georges Duhamel）② 和让·乔诺（Giono）③，只会被这些反动的思乡愁绪所刺激。马克思称这些思索的自然原型为"封建社会主义"，此外，这也证明了在可以想象的意义上这些思索十分贫乏。

---

① 阿尔弗雷·德·维尼（1797—1863）：法国浪漫派诗人、小说家、戏剧家。——中译注
② 乔治·杜亚美（1884—1966）：法国作家、小说家，1935 年被选为法兰西学院院士。——中译注
③ 让·乔诺（1895—1970）：法国作家，他写作的小说多以法国外省为背景。——中译注

如果我必须给出我自己对技术的看法——这个看法同当代哲学的要求并无多大关系，我只能相当遗憾地认为，技术仍然十分平庸，十分温顺。那么多有用的工具居然不存在，或者说，它们仅仅只存在于十分严重的不便的形式上！没有地方可以找到大多数冒险，或者说，冒险经历只有"太过缓慢节奏的生活"的形式。看一看地球上的探索吧，通过热能聚合产生能量，为所有人服务的飞行机器，三维影像……真的，我们必须说："绅士般的技术家们，如果你们想让技术来统治整个地球，那么你们还得多多努力！"技术还不够，技术仍然处于初级阶段——这就是真实情况：资本的统治驾驭并简化了技术，而技术的"潜能"是无限的。

除此之外，认为科学与作为技术的思想有着同样的痕迹，这种看法是极其不恰当的。当然，在科学与技术之间存在某种必然性关系，但并不意味着它们是等价的。将现代科学表现为效率的说法，即技术统治的主要后果，仍然是站不住脚的。例如，如果有人证明了现代数学的一个伟大的原理独立于连续统假设（保罗·科恩，1963），那么我们就会发现，在这其中，有一种思想的凝聚，一种开创性的美，一种概念的震惊，一种有着风险的断裂，一种理智的美学。如果这样选择的话，我们可以将之与我们这个世纪最伟大的诗歌，与革命策略在政治军事的大胆创造，或者一对爱侣邂逅迸发出来的最强烈的激情相提并论，但当然不会同咖啡研磨机或彩电一样有用和灵巧。科学之所以作为科学，即在其真理程序中所把握的是极度**无用的**（inutile），它仅仅只是断言，思想本身处在无条件限制的路径下。这并不是返回到古希腊的陈述（科学无用，它仅仅是一种纯粹的实践，是思想的一般前提），甚至是用那种荒谬的托辞，即古希腊社会是奴隶社会。有用性的教条往往是对另一事实的开脱，即我们并不是真的希望——可以将这种希望叫作意志——**对所有人都是无用的**。

至于"虚无主义"，我们需要了解，我们的时代所亲眼目睹的正是通过某种方式，虚无主义让我们理解了，联系（lien）的传统形象的断裂，而无关联（déliaison）成为了那些假装有着彼此联系的所有人的存在形式。毫无疑问，我们的时代通过一种普遍化的原子论来维系自身，因为没有一种联系的象征性支柱能够抵御资本那抽象能力的侵袭。所有一切都注定证明了，从存在者层面来说，它们是无关联的；多的统治成为了一种深不可测的深度，无一例外地都如此显现出来；大写的一（UN）仅仅是临时性运算操作的结果——这是在货币等价的流通运动中，我们普遍性地置于这种处境中的不可避免的结果。正如对自身的显现通常会有一个临时的实体，时间只是表面上为我们来计算的，因此不存在那种在先天就注定是其他东西的事物，因为每一个被假定的本质关联都被冷冰冰地应用到中立性的计算层面上。对于马克思在140年①之前的关于事物状态的描述，我们不用多作评论：

> 资产阶级在它已经取得了统治的地方把一切封建的、宗法的和田园般的关系都破坏了。它无情地斩断了把人们束缚于天然尊长的形形色色的封建羁绊，它使人和人之间除了赤裸裸的利害关系，除了冷酷无情的"现金交易"，就再也没有任何别的联系了。它把宗教虔诚、骑士热忱、小市民伤感这些情感的神圣发作，淹没在利己主义打算的冰水之中。②

马克思尤其指明的是，联系的神圣形象业已终结，是生产与金融萧条所导致的用以确保这种联系的象征性保障的消失。资本消解了神圣化的表述——这种表述先天地在本质上假定了某种关系的存在（人与自然的关系，人与人的关系，群体与城邦的关系，凡人与不朽生命的关系等）。

---

① 巴迪欧的这本书写于1988年，出版于1989年，因此，巴迪欧在法文原版中所说的140年正是1848年《共产党宣言》发表140年之后的1988年。英译者将这个数字改为了148年前，是为了与英译翻译的时间对应，即1996年。但英译本实际出版的时间是1999年，若如此，英译中的时间应改为151年前。如果按中译的翻译时间，就不得不将这个数字改为165年前，但这个时间随着岁月的流逝，仍然会发生变化，所以，这种重新修改时间的译法不足取。因此，在中译的时候，仍然保留巴迪欧原文中的140年前，而只用一个注释对这个时间的情况作出说明。——中译注

② 参看《马克思恩格斯选集》第1卷，北京：人民出版社1995年版，第278页。

那种典型的"技术虚无主义"的诋毁,通常与这些关系的思乡愁绪联系在一起。神圣性的消逝是海德格尔自己所复活的一个主题,这个回返的预言就等于借自于荷尔德林的"回到诸神"的主题。如果我们将"虚无主义"代表去神圣化,那么资本(它在大地之上的统治毋庸置疑)——"技术"和"资本"只有在历史的序列中,而不是在概念中配成一对——当然就是这种唯一的虚无主义的力量,所有人已经成功地沦为这种虚无主义,无论是这个时代的开创者还是被迫纳入这个时代的人。

不过,对于马克思以及我们来说,去神圣化一点也不虚无,因为"虚无主义"必须宣称,靠近存在和真理是不可能的。相反,去神圣化是让思想去靠近存在和真理的**必然条件**。很明显,在资本中,我们唯一可以也必须欢迎的东西就是:它将纯多作为呈现(presentation)的根基;它不承认作为纯粹的、漂浮不定的架构的大一的任何效果;它消除了象征性表达,在象征性表达中,联系可以建立起存在的外表。在最彻底的野蛮中,这种神圣的解体并不会掩盖资本**在本体**上适当的美德。倘若没有资本那到处游荡(errante)的自动运行机制,我们还会去感谢谁让我们从显在(Présence)的神话中解脱出来?而这种神话所保证的是关联的实质性和本质关系的持久性。此外,想想资本及其平庸的规定吧(对时间的一般性计算),我们仍然必须将资本所揭示出来的东西作为**出发点**:存在在本质上是多,倘若其如同任何事物一样存在的话，神圣的显在纯粹是一个外表和真理，而不是启示，并不是那么近似于让其自己归隐的居所。它是一个有规律的程序，其导致了额外的多的出现。

我们的时代既不是技术的时代（因为技术太过平庸），也不是虚无的时代（因为神圣关联的解体为真之类性敞开了大门）。它自己的问题——其所反对的是封建社会主义的思乡愁绪，而这种思乡愁绪最完美的表现当然就是希特勒。首先在于维系神圣性（这已经得到了尝试，而且这也被最伟大的诗人荷尔德林所否定）。其次，反技术的、复古的反动，这些东西继续在我们眼前一起保护着宗教的残骸（从灵魂的充实到伊斯兰教）、弥赛亚政治学（包括马克思主义在内）、神秘科学（星相学、草药、心灵感应传递、触摸群体治疗）以及所有这些形式的伪关联。对于这些伪关联来说，在歌声中颂扬的浓厚的爱——没有爱、没有真理、没有邂逅的爱——构成了宇宙间脆弱不堪的母体。

哲学不会以任何方式走向完结。但是这些大写的一的帝国的顽固的残余物（这些残余物构成了反"虚无"的虚无主义）将自己作为真理程序的阻碍，并准备复活与实质性本体论——资本就是这种本体论的历史媒介——相对抗，因而引导我们去认为，在很长一段时间内，哲学已经**停滞不前**了。

我需要把这个悖论推进一步：直到最近，哲学都还不知道**如何从资本的**层面来进行思考，因为资本的领域是开放的，向最亲密的点开放，向诗那模糊的统治开放，向对资本合法性的质疑开放。它还不知道，如何让思想去理解这个事实，即人已经无法逆转地成为"自然的主人和拥有者"，这并不是一个失却和遗忘的问题，而是一个最高目的的问题——尽管它仍然是在被计算的时间的愚蠢的不透明性中来描绘的。由于迷失在意志美学化，以及完结的悲痛、遗忘的命运与失却的踪迹之中，哲学使得"笛卡尔式的沉思"并未彻底完善。对于是否以直接的方式来认识多的绝对性，以及联系是否不存在，是无关大雅的问题。它所坚持的是语言、文学、写作，仿佛坚持认为对经验的先天决定还有最后的再现可能性，或者坚持为对存在的澄明预留一个位置一样。自尼采之后，哲学家就公开宣布了，柏拉图所开创的事业已经日暮西山，但这个谵妄的宣言所遮掩的正是无力去延续这个开端。哲学只有在某种困难的局面下，才会对"虚无主义的现代性"进行诋毁或赞赏有加，这种困境意味着它自己无法理解，眼下十分确定的东西在何处发生了变化，从而导致了它无法认为，我们根本看不到已经进入到真理学说的一个全新的阶段之中，即无一之多（du multiple-sans-Un）的阶段，或者说，碎片化的、无限的和无法辨识的总体性的阶段。"虚无主义"是一个并不太坏的能指。但真正的问题还在：由于哲学战栗着拒绝了去神圣化的时代提供给它的自由与力量，哲学到底发生了什么？

6. 缝合

按照我的定义，哲学是在思想之中，在**规定着我们时代的诸真理的事件性形式**之中，对四种类性前提（诗、数元、政治和爱）的共存可能性事实进行构想。一种对哲学的忧虑在于，认为其会对旨在界定过程制阈所需要的自由表现或者作为哲学前提的四种真理程序之间的知识循环形成限制或阻碍。这种阻碍最常见的原因并非其建立了一个共存可能性的空间，通过这个空间，让对时间的思考得到实现。相反，哲学会将其功能**转交**给一种或另一种前提，将思想整体移交到**一种类性程序**手中。那么哲学在它自己主宰的要素中运行，并让那种程序受益匪浅。

我们可以将这种类型的情形称之为**缝合**（suture）。哲学每一次遭受质疑，都适逢哲学将自己与其中的一个前提缝合起来。因此，不允许哲学去建立一个自成一体（sui generis）的空间，在那里，事件性的命名指明了四种前提的新颖之处在于一种不同于所有这些前提的思想实践之中，描绘和证明了诸前提的共存。因而，也说明了可以勾画出这个时代的诸真理的状态。

19世纪，从黑格尔到尼采，哲学在很大程度上是被各种缝合所支配的,这就是为什么在那个时代里,它似乎趋向消逝。那个时期最重要的缝合,是哲学同实证主义或科学主义的缝合,这种缝合期望科学在自己的基础上勾画出那个时代的真理体系。这种缝合迄今仍然支配着盎格鲁-撒克逊的哲学,尽管它已经声名狼藉。缝合最显著的后果很自然地集中体现在其他的前提地位上。例如,政治前提自身从所有的事件性情形中隐退了,且被还原为一种对自由主义代议制政体的实用性的捍卫。其潜台词以及中心表达事实上就是政治**绝不是思想所关心的**事情。诗之前提被排除在外,被归档在文化补充之下,或者被当成语言学研究的对象。爱的前提被忽视了:我赞同让-吕克·南希(Jean-Luc Nancy)的评论,即美国本质上是这样一个国家,在那里,多愁善感与性彼此共存着,却唯独牺牲了爱。哲学与科学的缝合进一步将其还原为纯粹分析性的吹毛求疵,其语言要求对术语所有的意思都要穷其心力(fait les frais)弄清楚。这样,自由统治让位于千奇百怪的信念,而这不过是削弱和压制资本主义野性的棉外套而已。

  马克思主义所主导的正统形式曾提出一种缝合,即将哲学同政治前提缝合在一起。这个观念隐藏在那篇著名的《关于费尔巴哈的提纲》(简称《提纲》)总体上模糊不清的关怀背后,《提纲》宣布不再是"解释"世界,而是对其进行革命性的变革。在这里,**在哲学上**,政治被当成在实践中唯一可以构想一般意义体系的能力,哲学注定要导致压迫。那么政治——被马克思等同于真正的历史运动——应当是经验总体化的最高形式。同时，政治消解了其他前提，宣称建立在那种经验之上的哲学与政治同呼吸共命运。就艺术活动而言，我们对马克思及马克思主义的挫折非常熟悉，他们无法思考艺术的独特性或尊重艺术的创造力。至于性差异的真理后果，他们让所有东西都从属于"社会主义"清教和精神分析（对我来说，精神分析是唯一在现代试图从爱中提炼出概念的学派）所蔑视的双重神秘化（occultation）。

对于科学前提，问题比较复杂。马克思和他的后继者们以主流的实证主义缝合的方式，宣称将革命政治提升到科学的层次上。他们坚持认为"历史的科学"——"历史唯物主义"——与从政治角度而言的历史的征服运动有着说不清道不明的关系。从一开始，他们将"科学"社会主义同各种版本的"乌托邦"社会主义对立起来。因此，我们可以认为，马克思主义跨越了两种缝合，即政治的缝合和科学的缝合。此外，对于这种双重的复杂缝合体系，斯大林称之为"哲学"，或者叫作辩证唯物主义。这样做的结果是，所谓的"哲学"在各种怪异的"规律"形式下呈现出来，"辩证法的规律"被含糊其辞地应用到自然和历史之中。

但在最后的分析中，如在"唯物主义"的视野中，科学被打回成技术-历史前提，这种双重缝合最终是在政治的主宰下阐述的，政治自身也可以将科学总体化。正如我们所看到的，斯大林打着无产阶级和党的旗号，干预基因学、语言学或相对论物理学的规律。这种情形导致了一种令人摸不着头脑的哲学上的无力，在20世纪60年代，路易·阿尔都塞试图恢复马克思主义思想中的活力，除了从科学中将哲学的马克思主义变成类似于历史唯物主义认识论的某种东西，以此来**颠覆**这种双重缝合的阐释之外别无他法。那个时期，在哲学中没有其他缝合的分量，比阿尔都塞所承担的英雄史诗般地将马克思主义回溯到哲学同科学的缝合更显而易见，正如阿尔都塞断定，与政治前提的缝合甚至更有害。与政治缝合操作的代价是坚持让诸如法共（PCF）这样的可疑且荒废掉的组织成为政治的代表，法共再一次禁止思想依靠其本身就可把握政治。在起初的一些成功之后，哲学在1968年的"五月风暴"事件中搁浅了，这次事件所命名的东西在思想中超越了科学前提的所有领域和所有来源，它粗暴地在法共历史消逝中粉墨登场。

我最后的问题是：如果——或许自黑格尔之后——哲学受到了质疑的威胁，这正是因为哲学把握了同其诸前提缝合的体系，尤其是同科学前提和政治前提的缝合，而这些前提禁止哲学构想各个前提一般的共存可能性。于是，哲学的确失却了时代的事物，失却了我们时代的事物，这强化了哲学自身一败涂地和被捆住手脚的形象。

一些人提出，通过仅同一种类性前提缝合来废弃哲学，而了解到这一点最不容抹杀的标志正是：是他们不厌其烦地重复说道哲学的"系统化形式"是不可能的。在今天，这种反系统化的原理就是系统性的。我记起了在本书开头谈到了利奥塔所给出的，对于今天所有当代法国哲学家——不过，毫无疑问，要除开居伊·拉德罗和克里斯蒂安·让贝——尤其对于被独特性、典型的星丛（constellation）这些在古希腊智者、尼采、海德格尔和维特根斯坦那里可以找到的概念所启迪的人们来说哲学系统最一般的形式。

如果我们理解的"系统"（système）带有百科全书式的形象，"系统"带有一个中心要旨，或者被某种超级能指所主宰，我会很高兴地承认，现代的去神圣化制止了这一趋向。或许除了亚里士多德和黑格尔之外，回溯起来，哲学真有过这样的雄心壮志吗？如果我们所理解的"有条不紊"（systématicité）正如我们必须做到的那样，是完善地构想哲学的四个前提的先决条件（再说一遍，这绝不需要这些前提的**结果**被展现出来，或被提及），通过说明其解释规则而进行阐明，那么哲学的本质必然是有条不紊的，从柏拉图到黑格尔，没有哲学家会质疑这一点。此外，这就是为什么对"有条不紊"的拒斥会和我在本书开头所提到的阴郁情感携手并进，一起指出哲学本身是"不可能的"。这就公开说明了哲学并不是完全不可能的，而是被某些历史上的缝合体系所**阻碍**。

我绝不赞同利奥塔对哲学的界定：一种谋求自己统治的话语。至少有两种普世统治，他没有说明是哪一种统治不再具有谈论哲学的理由。第一种统治必须设定其在事件中对诸前提的命名，这样，让对数元、诗、政治革新和二者之爱在概念上同时统一思考成为可能。第二种是过程或严格的范式，这种方式建立起思考的空间，在这个空间中，所有的类性程序都可以找到归属并受到欢迎，且必须从其内部来展现这种归属和欢迎。这是用另外的说法说明，如果哲学就其本身而言是有条不紊的，那么哲学只能是解缝的（dé-suturée）。如果反过来说（a contrario）哲学宣布系统是不可能的，那是因为它是被缝合的哲学，一种将思想交付于某个单一前提的哲学。

如果在19世纪及其之后，哲学经历了同政治前提和科学前提的双重缝合，那么就可以完全理解，尤其自尼采之后，试图将哲学同其他前提缝合的企图就会对之产生冲击。艺术正好完全被赋予了这种使命。反实证主义和反马克思主义试图将哲学交付到诗手中，这种倾向在海德格尔那里达到巅峰。海德格尔一方面将现代科学，另一方面将极权主义国家看成技术的残酷后果，实际上指明了通过与两种主流的缝合积极地解缝，思想才能避免其侵害以获得保障。他所提出的方式并非哲学的方式，在他看来，哲学是在技术之中实现的。这就是以尼采为鼻祖，事实上是柏格森开创的思潮，这一思潮在德国由一些哲学狂热分子的诗人，在法国则是由一些文学崇拜狂（布朗肖、德里达、德勒兹……）所推行，他们将思想的活生生的血肉奉献给艺术前提。在西方，科学为王；在东方，政治为王；而在今天的西欧，哲学试图服侍另外的主人——诗。哲学眼下的情形是扮演着一仆三主的角色。甚至可以说，埃曼努尔·列维纳斯（Levinas）① 在同他者及其脸与女性的双重对话的名义下，也将哲学变成了第四个前提——爱——的仆从。

我提出，在今天有可能，因此也必须打破所有这些束缚。我所提出的姿态纯粹是哲学的姿态，即解缝的姿态。其主要问题碰巧也是最困难的问题，即让哲学同诗的前提解缝。实证主义和教条主义的马克思主义至今仍在，但已经僵化。作为缝合，他们纯粹是体制性和经院式的缝合。另一方面，让哲学同诗的缝合，与海德格尔的缝合的强大力量远远没有被消除，事实上，这种缝合甚至从未被考察过。

当哲学丧失了自己领地的时候，当哲学与数元的缝合和与革命政治的缝合风光不再的时候，谁是诗人，他们又在思考着什么？

---

① 埃曼努尔·列维纳斯（1906—1995）：法国当代著名哲学家，1923年进入法国斯特拉堡大学哲学系，开始其哲学生涯。他是最早把德国现象学介绍到法国的哲学家。1928年至1929年，他在德国弗赖堡师从胡塞尔、海德格尔等人研究现象学，深受两位大师思想的影响而又有所超越。其主要著作有：《从存在到存在者》、《整体与无限：论外在性》、《困难的自由：论犹太教文集》、《塔木德四讲》、《上帝、死亡和时间》等。——中译注

7. 诗人时代

当前的时代正好是从黑格尔开始的，在这个时代中，哲学要么是同科学前提，要么是同政治前提缝合起来，诗只被作为哲学的某种功能。一般认为，由于这种艺术，这个时代是一个独特的时代。不过，对于诗和诗人，我们谈的既非诗，亦非诗人，而是他们的一些作品可以直接看成有思想的作品。对他们来说，诗不过处于哲学踽踽而行的领域内的语言的领地，在诗中，关于存在，关于时间的命题得到实现。这些诗人并不打算取代哲学家的位置，他们并不写作明显关注这些功能的作品。相反，我们必须想象他们从属于一种知识的压力，这种压力来自于不能在哲学之中自由翱翔，没有需要去建构什么推测，在其中，他们的艺术作为接受思想的一般空间，及缝合哲学的类性程序，不再可能去建立什么。如果作诗仅仅被当作这样的劳动，这是因为：一方面，在尼采和海德格尔之前，诗还没有成为哲学优先缝合的前提；另一方面，从诗的漫长生涯来看，它仅仅被看成将辞藻同经历结合在一起的艺术，在其幻想的视野中，让理想出场显在（Présence），用一个词来发掘这种理想。诗人与哲学家的对抗经历了漫长的过程，尤其柏拉图让诗与诗人臣服于严肃的思考中证明了这一点。对柏拉图的复仇——尼采就是复仇的先知——不能仅仅锚定在诗的辖域之内。笛卡尔、莱布尼茨、康德或黑格尔或许曾经是数学家、历史学家或物理学家,如果说他们都不是什么,那就是他们都不是诗人。但自尼采之后,所有的哲学家都自称为诗人,他们全都羡慕诗人,他们全都愿意成为诗人,或者近似于诗人,或者被公认为诗人。正如海德格尔那样,德里达、拉库-拉巴特,甚至让贝或拉德罗也向东方形而上学高地上的诗性倾向致敬。

事实上,在哲学家的缝合无人承继(déshérence)的时候,真的有一个**诗人时代**。这个时代处于荷尔德林与保罗·策兰(Paul Celan)之间。那时,那个时代本身最令人震撼的感觉就是:最开放地靠近问题,共存可能性的空间最小限度地陷入到粗野的缝合之中,而诗开启并拥有着最丰富的现代人经验的表达形式。在那个时代,在诗性的隐喻的谜题中把握时代之谜,在那里,无羁的过程本身就限定在"类似"的形象之中。简言之,整个时代可以表达为哲学是连贯一致的,尤其是受到**导向指引**(orientée)。那里有一个大写的过程,大写历史的意义,千年的根基,接近另一个世界和其他人的途径。但是,这个时代的真(réel)却并不连贯一致且无导向指引。诗,或者说至少是"形而上"的诗,最精华的诗,最富有知性张力的诗,也是最朦胧的诗,决定并阐明了这种在本质上的无导向性。在大写历史有导向的再现表达中,诗恰恰走向了一条无导向的对角线。这些诗中光芒闪耀的冷淡，在历史的悲悯中中顿了（césuré）——这个词借自拉库-拉巴特的概念，实质上肇始于荷尔德林。

一旦哲学试图将自己与诗的前提缝合起来，诗人时代的正统代表就是哲学选定的对象。米歇尔·德基（Michel Deguy）① 竟然说道（不过真的，他是个诗人）："哲学，是在为诗做准备。"无论如何，去准备一份哲学所认识的诗人名单，就是哲学自己把握住诗的日常功能。

就我所关注的诗人而言（不过我认为诗人时代已经**终结**，从这种终结的立场上看，我自己的名单也弄完了，最后这个名单也终结了），我认为有七个关键性的诗人，他们并不一定是"最好的诗人"——他们不可能获奖——但他们是诗人时代的代表和亮点。这些诗人中荷尔德林是他们的先知，是预示着诗人时代来临的浮标，其他几位诗人都是巴黎公社之后的诗人，他们代表着展现为有导向的意义的无导向性的开启。他们是马拉美（Mallarmé）②、兰波（Rimbaud）③、特拉克

---

① 米歇尔·德基（1930—　）：法国现代诗人，法国作家协会主席和马赛国际诗歌中心主席，法国国际哲学学院主席。——中译注
② 斯特芳·马拉美（1842—1898）：法国象征主义诗人和散文家。著有《诗与散文》、诗集《徜徉集》等。其中长诗《希罗狄亚德》、《牧神的午后》是他的代表作。——中译注
③ 阿尔蒂尔·兰波（1854—1891）：19世纪法国著名诗人，早期象征主义诗歌的代表人物，超现实主义诗歌的鼻祖。他用谜一般的诗篇和富有传奇色彩的一生吸引了众多读者，成为法国文学史上最引人注目的诗人之一。——中译注

尔（Trakl）、佩索阿（Pessoa）①、曼德尔施塔姆（Mandelstam）②和保罗·策兰。

我并不想去考察历史的衔接、转折以及奠基性的诗，独特的造作（诸如马拉美的数，兰波的无序，以及佩索阿的同拼异义词……）实在有太多概念性的操作，而这些操作将诗人时代建构为一个思想的时代。这些操作不能从整体上来处理，不过可以对这些操作进行少许评论：

（1）我们的这些诗人的一个基本线索是——这个线索让他们自己从哲学缝合的后果中脱离出来——**对客体范畴的解构**。更准确地说，解构了作为表象（présentation）形式的客体以及客观性。诗人时代的诗人试图开启一条通向存在的道路，准确地说，存在不能依赖于客体的"表象性"范畴来支撑自身。那么，在本质上，诗是去客观化的。这绝不意味着意义被转移到主体或主体性之上。相反，诗对"客体"或客观性与"主体"之间的缝合所组织起来的关联有着十分敏锐的意识。这种关联构成了知识或者认知。而

---

① 费尔南多·佩索阿（1888—1935）：生于里斯本，是葡萄牙诗人与作家。他生前以诗集《使命》而闻名于世。他被认为是继卡蒙斯之后最伟大的葡语作家。文评家卜伦在他的作品《西方正典》中形容他与诺贝尔奖得主巴勃鲁·聂鲁达最能够代表20世纪的诗人。——中译注

② 奥西普·埃米尔耶维奇·曼德尔施塔姆（1891—1938）：俄罗斯白银时代最卓越的天才诗人。著有诗集《石头》、《悲伤》和散文集《时代的喧嚣》、《亚美尼亚旅行记》、《第四散文》等。另有大量写于流放地沃罗涅什的诗歌在他死后多年出版。1933年他因写诗讽刺斯大林，次年即遭逮捕和流放。最后悲惨地死在远东的转运营。——中译注

诗所谋划的通向存在之路并非认知秩序的道路。所以，其与主/客体的对立迥然相异。当兰波在"主观诗歌"上堆砌大量的讽刺时，当马拉美建立起用诗来取代必须缺席的作为主体的作者时，他们的意思是：由于诗所述说的东西既与客观性也与主观性毫无瓜葛，诗之**真理**才涌现出来。因为对于所有诗人时代的诗人而言，如果经验的连贯一致性注定是客观的，如同康德所召唤的缝合性的哲学一样，那么它必然会毫无顾忌地捍卫**不连贯的存在**（l'être inconsiste），正如策兰极富才华的总结一样：

　　依靠在
　　不连贯性之上

诗，寻觅着显在（Présence）的痕迹或门槛，其否定了这样的可能性，即这样的门槛可以通过客观性问题保留下来。最终，主体——"客体"必需的相关对应项——不可能成为这样一种经验的支撑。如果诗已经在蒙昧之中把握了时代的蒙昧性质，那正是因为无论诸真理程序层面多么不同，甚至彼此间不可调和——它消解了主客体的"客观性"框架。在这个框架中，它在哲学上——在缝合之中——断言，时代的要素是有导向的。诗的无导向性首先通过在所有认知上打洞并消除了认知的真理规律，让经验同时从客观性和主观性中抽离出来，让其存在。

（2）赋予海德格尔思想巨大力量的正是以**其诗性的解构来穿越了哲学上对客观性的批判**。他的天才——不同于其纯粹是一种缝合模式的事实——是同诗的前提的缝合：

——尤其通过康德理解了，将"基本存在论"同认识学说区分开来的是，认识学说中始终存在着客体，而这是康德批判的指导原则和绝对局限。

——因此，必须避免重蹈主观主义或激进意识哲学覆辙，这是胡塞尔最终所依循的道路。相反，海德格尔宣布了对主体问题的解构，他认为主体是形而上学最后的圣坛，也是客观性相关联的限制。

——始终坚持在知识与真理之间、认知与思想之间作出区分，这个区分是诗之事业潜在的基础。

——于是，我们到达这样一个转折点，即在这里可以**将哲学交付于诗**。这种缝合似乎是一种力量的保障，因为的确存在一个诗人时代。诗人的存在赋予海德格尔思考的某种东西，没有这种东西，海德格尔的思考将变得极为困难和毫无希望。这就是历史事实的根基，实事的根基，有能力可以提供给它的东西——政治历史事实的幻景已经在纳粹的恐怖中具体化和消解——即什么才是独一无二、真正所发生的东西。

直到今天，海德格尔的思考仍然将其说服力归因于在诗的问题中所得到唯一的东西,我们知道,这就是对客体拜物教的解构,真理与知识的对立,以及我们时代的无导向性。

因此,对于海德格尔的根本批评只能这样来进行:诗人时代业已终结,必须将哲学同诗的前提解缝合。这就意味着,今天,我们不再需要在诗的隐喻中去述说去客观化和无导向性,无导向性也可以被**概念化**。

(3) 不过,海德格尔对诗人时代的评价有一个瑕疵:海德格尔似乎进一步将对客观性的解构同对科学的解构等同起来。在冒着从技术时代悲惨境地的内核中敞开的风险中,诗召唤出"现代科学",并且在世界客观化的范畴和作为消灭意志的主体范畴中来揭示它。海德格尔以这样的方式,即在**对应于知识与真理的对立,对应于主/客体对偶范畴与存在的对立中**,"构筑"(monte)了数与诗的二律背反(antinomie)。如今,数与诗的"蒙太奇"(montage)已经不能在诗人时代的诗中来阅读。而诗与数学之间的真正关系是分属完全不同的本质。**在同一点上**,这表现为一种错综复杂的斗争关系的形式,表现为异质性的共同体。马拉美诗中"代数化"的意愿是明显的,当他写道"你们数学家完成了使命",他只是指出在某个特别的地方,机会与无限的"共谋"积极地扮演着自己的角色,诗让数**升华**(relève)了。当兰波注意到(他特别深刻地宣判了科学的文学性本质)"心灵孱弱的人们开始思考字母表上的第一个字母时，会陷入迷狂"，他站在救赎性的无序一边，同样带着对数的激情书写着，因为最终不仅限于用字母来决定思考的数学会是什么？洛特雷阿蒙（Lautréamont）① 从柏拉图、斯宾诺莎、康德那里承袭了高贵的精神遗产，认为数学拯救了他，而正是在对主/客体以及人/世界的对偶范畴的解构处，他做到了这一点："噢，缜密的数学呀！自从你那充满智慧的教诲之后，我便无法将你忘却，你胜过蜜糖，沁入我的心脾，仿佛一道清新爽朗的波流……在我同人的斗争中，如果没有你，我或许早已一败涂地。"

当佩索阿写道："牛顿的二项式定理就像米罗的维纳斯一样美丽。事实是，极少有人关心其中的珍妙。"他让我们思考：与其将诗的真理同数的潜在的虚无主义对立起来，毋宁让全世界理解两者之美是等价的，而不仅仅"让极少数人领会其珍妙"。

于是，诗比起其哲学的仆从，更为深刻玄妙，它已经注意到它与数学一起是**思想的分有**（un partage de pansée），因为它已经盲目地认为，最纯粹、最字面上的数元在其同所有多表象的空泛的缝合中，它也能质疑并消除客观性的流行。的确，诗人已经比数学家自己更好地了解根本不存

---

① 洛特雷阿蒙（1846—1870）：法国诗人。洛特雷阿蒙出生于乌拉圭首都蒙得维的亚，他的童年是在处于战乱之中的乌拉圭度过的，他的父母都是法国移民。他被纪德慧眼视为"明日文学大师"的文字开创者，可惜英年早逝。他以数量不多但具有罕见的复杂性和极端性的文字向人们展示了一个患了深度语言谵妄症的病态狂人，长时间默默无闻却被超现实主义作家奉为先驱的怪异神魔，作品包括《马尔多罗之歌》(Les Chants de Maldoror)，断篇《诗一》、《诗二》等。——中译注

在一种作为数学**客体**的东西。

所有的缝合都是一种夸大，因为我在谈海德格尔时已经反复说过，哲学加重了问题。同一种前提的缝合，在这些前提实践的内部，哲学让其美德无法展现出来。将诗单独作为数学和冒险的唯一形象，作为命运悲惨并参与救赎的例子。依循着勒内·夏尔（René Char）[①]，海德格尔竟然认为有一种"诗人与思想者的权力"，他在这里超越了诗的权限，没有"摆正姿态"——相对于他自己而言，这更多的是夏尔的问题——他并没有一并从其他角度来赋予这种独特性以正当性，尤其是面对数的正当性；同样，也没有面对政治与爱。在诗这方面，他所做的并不比另一些人——我也在其中——更为优秀，即在哲学上，从马克思主义的缝合内部让政治绝对化，这远远超过了**真**的政治关于自身所能述说的东西。这不过是在一种玄乎其玄的许诺下，实证主义哲学家从科学中萃取出来的东西，它不能给出什么，对其而言，任何类型的许诺完全与之相异。

（4）从他们的核心操作中，我们或许可以认为诗人时代的诗人有着他们自己去客观化的"方法"。于是，他们用

[①] 勒内·夏尔（1907—988）：法国当代著名诗人。生于法国南方沃克吕兹省索尔格河畔的伊尔。早年一直住在家乡乡间，后从事文学创作，受超现实主义影响。1930年曾与布雷东、艾吕雅合出过诗集《施工缓行》。第二次世界大战时，他抱着爱国热忱，拿起枪来与敌人周旋，是下阿尔卑斯地区游击队首领，在抵抗运动中与加缪成为挚友，获得骑士勋章。——中译注

来满足知识欲求生产真理的程序——通常极其复杂——在解构了主客体的对偶范畴的转变运动中变得毫无方向。这些程序让诗人变得与众不同,并成为诗人时代的标志。他们主要有两种类型:处于缺乏(manque)之中,或处于溢出(excès)之中。客体要么是缩减的,通过其自身的自我消解来退出显在(马拉美的方法);要么扩充了自己的显现(apparition)领域,通过其稳固的划分界限得到阐明,从那时起,可以取代所有其他的东西(兰波的方法)。诗规制着缺乏,或扰乱着表象。主体同时被存在的缺乏(马拉美)以及**实际**的多元化(佩索阿、兰波:"与一些人一起,我经常在某一时刻大声谈论,从一个人生活到其他人的生活——那就是我何以碰巧会爱上一头猪。")所终结,没有什么会比这些程序更能指明其层次,即在这个层次,在实际的临时性的代替中,诗如此紧密地与界定哲学的思想空间的"建构"联系在一起。

(5)保罗·策兰的作品说明,在终结的边缘处,从诗的内部,诗人时代终结了,策兰完成了海德格尔。

8. 事件

在今天,才有可能,也如此有必要去解放哲学,并宣布哲学的复兴;由于科学前提(实证主义)、政治前提(马克思主义)、诗的前提(从尼采到今天)长期连续且具有破坏性的优先权利所导致的对哲学长期的质疑,这必然要求我们在完全重新提出真理学说时,再一次去构想四个前提;在十分怪异地反复宣布了"哲学的终结"、"形而上学的终结"、"理性的危机"、"主体的解构"之后,现在的任务是**重新挥舞**现代理性的大旗,在"笛卡尔式的沉思"的脉络上**更进一步**:如果没有奠定其意义的关键性事件发生的话,这些不过是一些不切实际的空想,尽管其仍然与悬置的或漂浮不明的命名一致,尽管其记录了每一种前提的痕迹。这就是数元、诗、对爱的思考和革新性政治的事件,这些事件决定了哲学的回归,它们有能力在其中开辟一个知识的位置,这个位置用来庇护和收集事件之后可以命名的东西。

在数元的秩序中,从康托尔(Cantor)① 到保罗·科恩(Paul Cohen)② 的道路构成了这一事件。他们发现了多的理论中的核心悖论,第一次用一个清晰明了的概念彻底并论证地说明了什么是不可识别的多元(multiplicité)。这反

---

① 格奥尔格·康托尔(1845—1918):德国数学家,集合论的创始人。生于俄国圣彼得堡(今俄罗斯列宁格勒)。两千多年来,科学家们接触到无穷,却又无力去把握和认识它,这的确是向人类提出的尖锐挑战。康托尔以其思维之独特,想象力之丰富,方法之新颖绘制了一幅人类智慧的精品——集合论和超穷数理论,令19、20世纪之交的整个数学界,甚至哲学界感到震惊。——中译注

② 保罗·科恩(1934—):当代著名的数学家。生于纽约。1954年毕业于芝加哥大学,1964年任斯坦福大学教授。1967年成为美国国家科学院院士。科恩在数学的研究兴趣十分广泛,他在分析学和连群方面都取得了突出的研究成果,而最突出的贡献是在数学基础方面。他因证明连续统假设和选择公理的独立性而荣获1966年的菲尔兹奖。——中译注

过来解决了莱布尼茨提出的问题,即依照语言的权限,了解是否可以理性地思考存在之所为存在的问题。今天我们知道,这不是一个问题,相反,这只是将所有不可命名的、"类性的"多元的存在——这种多元不会通过任何语言的属性来取消其限制——纳入思考,唯有如此,我们才有机会去接近一个既定的多(le multiple donnée)的存在的真理。如果真理在知识上打了一个洞,如果那里没有关于真理的知识,只有真理的**生产**,那是因为,从数学角度而言,思想在其存在中,因而其作为一种纯粹的多元性——真理是类性的,是从所有准确的称呼中抽离出来的东西,相对于这些用来认识的称呼来说是一种溢出。获得这种确定性的代价是可以容许这个多的**量**(quantité)无法确定,这是一种断裂性的裂缝(faille disjonctive),它构成了存在本身的总体。严格来说,无法去思考一个无限多元中的元素(élement)的"数量"同其诸部分(parties)的数量之间的数量关系,这种数量关系的形式只会是漂浮不定的溢出(excès errant):我们知道,部分的数量要超过元素的数量(康托尔的定理),但没有尺度可以去衡量其中会多出多少。此外,正是在这一真正的点上——在数量的无限中漂浮不定的溢出——建立起伟大的思想方向。**唯名论**(nominaliste)**思想**拒绝了这个结果,只承认可以命名的多元才能实存。其先于我所谓的数元的事件,因而这是一种保守的思想。**先验思想**(la pansée transcendante)相信,一个多的位点

(point-multiple)决定其位置高于或位于日常尺度之上,"从上面"规制和固定了溢出的漂浮不定。这种思想容忍了不可认识的东西,但它只能作为忽略了同某些"至高"的多的关系所产生的临时性的效果。它并没有认可溢出和漂浮不定是存在的规律,它只冀望于一种完备的语言来承认我们尚未认识的东西,这是一种先知式的思想。最后,**类性思想**将不可认识之物作为所有真理存在的类型,并坚持认为漂浮不定的溢出就是存在之真,存在之所为存在。由于这样做的结果是所有的真理都是执着于事件的无限生产,不能还原为所有现有的知识,而只能从忠实于这个事件的活动中来作出决定,可以说,类性思想在其最宽泛的意义上是一种战斗的思想。如果我们必须在这里冒昧地为数元的事件(我们是这个事件的同时代人)**命名**的话,我们应当同意,这个事件是一个真正不可认识的事件,或者一个类性的多元作为纯多的在真-中-存在(être-en-vérité)(因而,这也是存在之所为存在的真理)。

在爱的秩序上,思考在真理层面上传达了什么,雅克·拉康(Jacques Lacan)的作品构成了一个事件。我们无需进入到精神分析这样多余次要的问题上,此前,在实证主义的缝合中,已经在"精神分析是否是科学"的问题上表达出来,而我宁可用下面的方式来陈述:"精神分析是否是一个类性程序?它属于哲学的前提吗?"让我们简单地注意到下面的事实:我们知道,从柏拉图到弗洛伊德和拉康，哲学仅仅只有四种真理程序。我们可以认为，也可以在某种程度上判定，精神分析的追随者们经常傲慢地强迫哲学面对第五种真理程序。事实上，这是思想中的革命，是构想哲学活动的全新的时代。但是，若认为精神分析不过只倚靠在由来已久的实践之上的意见的装置（dispositif），其结果只能是，弗洛伊德和拉康事实上都是哲学家和伟大的思想家。对于意见的装置，他们的贡献在于，将意见置于一般空间的概念之中，在那里，这个时代的类性程序找到了容纳和欢迎诸类性程序共存的可能性。无论如何，他们的伟大之处在于，当哲学被以不同的方式缝合并放弃了其位置的时候，他们再一次坚持和找到了主体范畴。他们以他们自己的方式，追求着"笛卡尔式的沉思"，但这绝不意味着拉康从他的最重要的著作一开始就发出号召去"回到笛卡尔"。或许，他们只是像拉康一样，从反哲学的角度驳斥了哲学家的这种地位，事实上却引出了他们的灵感，才有可能完成这种"笛卡尔式的沉思"的任务。毫无疑问，弗洛伊德和拉康思想的情势，正如其倒置一样，始终与世人时代的去主观化操作**相伴随**。

或许看起来，这里不同寻常地将拉康看成爱的理论家，而不是主体或欲望的理论家。事实上在这里，我是严格从哲学的前提来考察他的思想的。很有可能（不过，他谈到这个问题的文本的数量和复杂性都是征候性的），爱并非拉康主要著作的核心概念。不过，从思想创新角度而言，他面对了爱的问题,他所开创的事业就是一个事件,一个哲学复兴的前提。此外,我知道,自柏拉图之后,没有理论比他的爱的理论更为深刻的了,拉康与《会饮篇》的柏拉图一遍又一遍地对话。当拉康写道:"正是爱在邂逅之中让存在本身崭露出来。"他所赋予爱的特别的本体上的功能明显地说明了某种介入形式,即他有意识地构想了关于爱的理论的哲学。

爱是这样一种东西,从爱之中,通过滑离了大写的一(Un)的统治,让二(Deux)成为思想,而爱永远承受这一形象。我们知道,拉康推进了一种对两性的二的逻辑归纳,女性"部分"和男性"部分"共有一个主体,这个划分(partition)将否定与——普世地和实存地——女性界定为"非全体"(pas-tout),男性一极作为全体或整体的向量崩溃了。爱正是这种悖论性的二的现实性,在其自身之中就处在这种非关系、非联接的元素之中。这就是接近二本身的"路径"。从邂逅事件所开始的(柏拉图已经强烈地强调过的"突然")爱已经组织就出无限,或者说,编织出不能穷尽的经历,而这个二已经构成了相对于大写的一的法则无法弥补的溢出。在我看来,爱让无名之多元降临于世,或者说,让关于性差异的类性或真理降临,这个真理明显地是从知识中抽离的,尤其是从彼此相爱的两人的所知中抽离的。爱是忠实于邂逅事件且关于二的真理的产物。

由于拉康组织了所有关于二的各种细节,关于大写的一的形象在二中解放，以及在其中处置了爱的类性悖论，因而它成为了哲学的事件缔造者。此外，在他自身经历的滋润下，他也知道相对于有尊严的爱如何阐述当代爱的问题的状况。他不仅提出了一个概念（按照其差异的诡辩和其轻快鲜活的程序来说明），而且也提出了相聚（conjonction）的分析。这就是为什么反哲学的拉康是哲学复兴的前提。唯有在与拉康共存的情况下，今天的哲学才是可能的。

在政治秩序方面，事件集中发生在1965年到1980年的历史序列之中，这个阶段可以看成席尔文·拉撒路（Sylvain Lazarus）所谓的"蒙昧事件"的过程，即一种从政治视角来看的蒙昧。我们可以发现：1968年的"五月风暴"及其后果，中国的"文化大革命"，伊朗革命，波兰的工人阶级和国民运动（"团结工会"）。这里并不讨论这些事件从纯粹的事实角度来说，是赞赏或不幸，是胜利还是遭到压制。可以肯定，**我们所关心的是它们被命名为政治事件**。毫无疑问，除了波兰的运动之外，那些政治历史事件在它们那些角色的意识中、在思想的框架中（它们同时宣布了这些思想框架过时了），全都是不清不楚的，它们给予自己的是它们自己的表达。这样，"五月风暴"和"文化大革命"一般都指向马列主义，看起来马列主义的废墟——作为政治表达的体系——在实际的事实中，似乎很快被镌刻在这些事件的本质里。尽管在那个体系中也有过思想，但在那里所发生的一切不再是可以思考的。同样，伊朗革命被记载为日常的复古的伊斯兰主义的布道，然而，人民的信念及其象征化都远远从各个方面超越了这种布道。没有什么比干预的不透明性和这种表达的苍白的透明性之间的不和谐更能够证明这一事实，即不仅相对于其位置，同时也相对于其所能讲述的语言，事件是额余之物（surnuméraire）。这种不和谐的状况造成的结果就是事件**尚未命名**，或者毋宁说，他们命名的工作（即我所谓的对事件的**干预**）尚未完成，远远尚未完成。今天，在众多其他事物之中，政治就是一种忠实地稳固化地命名的能力，一种为其长期命名的能力。在政治前提下的哲学，正是在这个层次上，提供了一个概念空间，证明其与这种稳固化的命名是一致的，严格来说，其自身的过程就是政治的。可以在1968年的"五月风暴"和波兰的工人阶级和国民运动等事件中看到，这些事件参与了对哲学的解缝：对于政治而言，这里的问题当然并非是去**变革**哲学，就如"辩证唯物主义"宣称是斯大林的政治一样。相反，正是事件溢出的维度以及其委派给政治的任务限定了哲学，因为它有责任去建立在政治上的革新性的命名事件的行为，这个事件与那些同时（亦即在我们的时代）在数元、诗、爱上创造了一道裂缝的东西彼此有可能共存。再一次说哲学是可能的，正是因为哲学并不必须在历史或者在政治上合法化，而仅仅只是去思考肇始于蒙昧事件所重新开启的政治的可能性。

在诗的秩序方面,保罗·策兰的作品构成了事件,既在于他的作品本身,也在于通过他的作品整个诗人时代走向了最终的边缘。策兰的诗之所以是一种事件的征候,正是由于他的诗的思想历程与德里达、伽达默尔、拉库-拉巴特宣布哲学不可避免地要与诗的前提进行缝合的主张是判若云泥。我所认为的这些诗的意义(这种意义已经以某种方式在佩索阿和曼德尔施塔姆那里存在着了)与他们是完全相反的。在他的诗中,宣布了诗对于自身而言不再充足:它**需要**放下缝合的负担,希望哲学来解除诗的那些压倒性的权威。拉库-拉巴特在揭示策兰的"艺术的中断"时,对这个要求有一种完全颠倒的直觉。在我看来,艺术的中断并不是诗的中断,而是哲学**将自己交付于诗**的缝合的中断。策兰的戏剧就是在时代的无意义无方向之中,不得不去面对意义,他所有的仅仅只是诗这个稳固的资源。当在《远征》(*Anabase*)中,向着"高高耸起的词:一起"①(la mort tente:ensemble)上升(remontée),他渴望着到诗之外(l'outre-poème)去分有思想,且不陷入隐喻的唯一之中。这要求诗在我们之下,在**别处**去寻觅我们参与其中的事件的名称,正是诗让我们重构我们时代的概念体系的誓约,正是在诗人时代终结的诗中的表达形式——我们太容易忘记,这种表达形式既给诗人带来了荣耀,也带来了折

---

① 策兰的德语原文是"werdende Zeltwort:Mitsammen"——中译注

磨和孤独——通过哲学在诗之中的缝合，加重了而不是消除了这种孤独。

　　的确如此，一切事物的关键在于我们所赋予的策兰与海德格尔相遇的意义，这是我们时代的类神话般的史诗。拉库-拉巴特认为，那就是这位犹太诗人幸存者所不能做的事情，什么？宽容？支持？无论如何，其忽略了这一事实，这位诗人哲学家在策兰面前——每一次在策兰面前——对种族灭绝保持最彻底的沉默。我一点也不怀疑，这就是事实。但还有另一种事实，也必然如此，策兰去看望哲学家是为了经历向着那个时代的意义的"上升"，那是他所期望的东西，一种在诗之外的元素。必须看到，海德格尔的问题"诗人何为"在诗人那里不能变成"哲学家何为"，如果问题的答案是"为了让那里有诗人"，那么诗人的孤独就被双重化了。策兰的作品通过从诗的立场进行追问，从而创造了一个孤独的事件，而这个事件就是用来走向诗的终结。

　　此外，相遇的两个意义并不矛盾。海德格尔何以打破诗之镜像——策兰以他自己的方式来作诗——他并不相信，在政治前提的秩序下，他有可能说清他自己加入纳粹党？这种沉默除了深深地激怒了这位犹太诗人之外，也是一个他无法弥补的哲学缺陷，因为其走到了自己的巅峰，走到了缝合不可宽恕的、还原性和虚无化的效果的转折点上。策兰在这里经历诗的哲学拜物教最后所生产的东西。他的诗作最深刻的意义就是让我们从这种拜物教中释放出来，将诗从思辨性的麻痹中解脱出来，将其恢复到其时代的友谊上，在那里，诗在此之后将在思想中与数元、爱、政治革新肩并肩地待在一起。诗之事件处在无望和焦虑中，策兰这位诗人在诗之中洞察到这种重建已经成为过眼云烟。

这些就是事件。今天，每一种类性程序中都限定着哲学。我们的职责是生产出一种概念的构想，以便去欢迎它们，它们很少被命名，但事实上已经占据了位置，正如它们仍然一直会如此下去。保罗·科恩的类性、拉康的爱的理论、忠实于1968年"五月风暴"和波兰运动的政治，以及策兰的诗何以同时在诗之外让思想成为可能？将它们总括起来一点也不成问题：这些事件是异质性的，不能把它们串在一条线上。问题在于生产出概念和思想规则，或许远远地离开所有这些名称和行为的清晰的说法，或许离它们非常之近，一切视具体情况而定。但以这样一种方式，即通过这些概念和规则，我们的时代可以被表述为这样一个时代，在这个时代中，**思想的事件业已发生**。这是之前绝不可能发生的事件，迄今为止，这个事件已经被所有人所共享，无论他们知道与否，已经建构了一种为所有人的哲学，来为"业已发生"的事件提供共同的庇护。

9. 问题

在其**内容**中，我提出的哲学的重构行动，在广义上是由事件的独特性来决定的，这些事件影响了四种类性程序（康托尔-哥德尔-科恩的数元，拉康的爱的概念，佩索阿-曼德尔施塔姆-策兰的诗，1965年到1980年间对于政治革新而言的蒙昧时间的序列）。在哲学上，通过对思想所发生的东西的关心而引出的巨大的概念问题必须被安排在一个独一无二的空间之中（让我们时代的思想可以被思考的地方），一旦事件的定位已经完成，很明显，我们就会深陷到麻烦之中。此外，即便他们否认哲学有权利去存在，并因反对其有条不紊的体系而争辩不休，我们的哲学家们，我们的海德格尔主义者们，现代的智者们，形而上学的拉康主义者们，诗的教条主义者们以及让多元增值的宗派分子，他们都忙碌于这些问题上：即便是对这些前提的误解，我们不可能将我们自己从前提的律令中解脱出来，因为奠定这些律令的东西**已经发生了**。

这些问题中首要的问题是二的问题，它的日常表达形式就是辩证法。我们已经说明，二支撑着整个对爱的分析。但是同样十分清楚的是，斗争必须占据政治革新的辩证法中的核心位置。经典马克思主义就是一种强烈的二元论：

无产阶级反抗资产阶级。他们将斗争作为表达政治的关键要素。"阶级斗争"和"革命",那么——在其国家主义版本中——"无产阶级专政"构成政治实践的反思领域中基本框架。只有通过本质上的二(在经济与剥削的真之中建立起的二)所建构的历史运动,政治才是可以思考的。在政治上"集中于经济"意味着二的策略是围绕着国家权力组织起来的,其最终目的就是去摧毁其对手的政治机制。这代表着分散在世界各地的人们的全球性冲突或多或少是在社会领域中所设定的剥削者与被剥削者之间的和平冲突,每一个阶级都被安排到一个代表它的政治组织,即本阶级的政党之中。最后,只有暴力(起义或长期的人民战争)可以解决这些冲突。但准确来说,20世纪六七十年代的蒙昧事件所提上日程的东西是一种衰退,即潜在的概念在历史上不合时宜。在今天之后所寻觅的是一种政治思想,在处置冲突的时候,在其干预范围中,这种政治拥有结构上的二,而并不将这种二作为客观本质。或者毋宁说,对于客观主义的二的学说而言(阶级改变生产过程),处于这种方式下的政治革新试图"在历史事实的角度上"与二的视野对立,这意味着真正的二是一个事件性的**生产**,一种政治性生产,而不是客观的或"科学的"假设。如今,我们必须进而去颠覆二的问题:作为从客观性角度出发的概念的经典案例(阶级斗争,或者性的二元性,或者善恶之分……),二将会成为机遇的生产,从而加快事件的诞生。

二并不像过去的大写的一那样是降临的东西，二是事件之后的东西。一（阶级的统一体，爱的交融，救赎……）是赋予人类的难题和使命。我们宁可去这样思考，没有什么比二更困难的事情了，没有什么比二更能同时服从于偶然机会和忠诚的劳动了。人的最高使命就是加入其中，去生产出二，并且去思考这种二，即二的**践行**（exercice）。

第二个问题是客体与客观性。我已经说明了诗人时代诗人的决定作用就是去建立一个接近存在与真理的路径，并认为这条路径摧毁了作为一种表象的有机形式的客体范畴。这个客体或许是一个知识范畴，它仍然阻碍着事件之后真理的生产。诗祛除了客观化，将我们的时代开启为一个无方向的时代，在其最赤裸裸的形式下，赋予下述哲学陈述以权威性：所有的真理都**不含客体**。

那么，基本问题就是：对客体范畴的解构是否导致了对主体范畴的解构？毫无疑问，这是诗人时代绝大多数诗的直观后果。我已经注意到在兰波那里多元化主体的消解，以及在马拉美那里主体存在的匮乏。特拉克尔的诗的主体仅仅占据着死亡的位置，像他一样与诗人的缝合只有在海德格尔说不可能从主客体范畴来思考当代人的位置时才是徒劳无益的。反过来，唯有当拉康再一次捡起并精心打造了客体范畴时，他才成为主体范畴的守护人。从欲望动因的角度出发，拉康的客体（事实上，通过其不可象征化的严格特征，其非常近似于康德"超越客体＝x"）是其主体

在其存在中的决定,拉康以这样的方式说道:"相信自己可以通过在某个陈述中设定自身来靠近自己的主体,不过就是这样一个客体。"

我们可以从缝合逻辑来概括一下这种情形,直到今天,这些东西导致了当代哲学的荒芜(déserté)。哲学与科学前提的缝合让客体范畴获得最重要的价值,客观性就是认识的标准。哲学与政治前提的缝合,亦即一种"老马克思主义"的变体,要么提出主体是从客观性中"涌现"的(一般来说,在党的优良品质的引导下,从"自在阶级"到"自为阶级"的转变),要么他们最后为了客观性掏空了主体(对于阿尔都塞而言,真理问题关系到无主体过程),以及悖谬性地与海德格尔同流合污,他们让主体成为资产阶级意识形态的操作者(对于海德格尔而言,"主体"是技术统治下的次要安排,如果这种统治事实上仍然是资产阶级的统治,我们只能面面相觑)。对于哲学与诗的缝合,或者更广义地说,与文学的缝合,甚至是与艺术的缝合,思想就既没有客体,也没有主体。最后,对于拉康主义来说,主体和客体都是可以接受的概念。在某个特殊的点上,所有人都同时发生,这就是一般意义上我们聚集于其下的哲学现代性的原理:在任何情形下,将真理定义为"主客体的协调一致(adéquation)"是没有问题的。当实际展开对这种协调一致性进行批判时,人们开始分道扬镳,因为他们并不赞成这些术语(主体和客体)的地位。

应当注意到，这种拓扑学留下了一个空位（une place vide），一个可以维持主体范畴思想的位置，但这回容许诗人摧毁客体。这种思想的任务就是生产出主体的概念，在不提及客体的情形之下来支撑主体，或者可以说，不用让它们面对面（sans vis-à-vis）的主体。这个位置名声不太好，因为这容易让人想起贝克莱主教的绝对唯心主义。正如你们已经意识到的，这正是我所致力于的任务。我坚持认为，**没有客体的主体**的问题是哲学复兴可能的核心问题，正如在诗人时代中所奠定的去客体化，让真理摆脱知识，然后是对实证主义和马克思主义缝合的决定性的批判。此外，我坚持认为，一个单独的概念，即类性程序的概念，包含了真理和主体的去客体化，让主体表象为事件之后没有客体的真理单纯的有限碎片。只有在无客体的主体的道路上，我们才有可能在重新开启"笛卡尔式的沉思"的同时忠实于诗人时代的美德，一种特殊的哲学上的忠诚也是一种解缝的哲学。尽管如此，对于这样一场思想运动来说，我十分相信保罗·策兰的诗对我们的召唤，尤其是其诗中带有接近存在的观念的神秘命令（injonction），并不是敞开的正统的客观性路径，在可感的现有物的误导性地展开之上，这些记号和痕迹被简化地普遍扩散：

> 沿着那最狭窄的小路
> 一种感觉仍在游荡

> 我们创立的
> 最平庸的记号
> 将其撕裂

第三个问题是不可认识的问题。在今天，语言的权威成为了一般性的教条，尽管在实证主义梦寐以求的"精准的语言"与海德格尔的"诗性陈述"之间，还存在着不止一种对语言本质的误解，正如将福柯的综合唯名论与拉康的象征学说区分开来的鸿沟。不过，所有人都会赞同的是——在他们寓居于利奥塔称为西方哲学"伟大的语言学转向"之中——在语言与存在之间的裂缝上，那里一无所有，要么是业已在语言中实存着的"存在的汇集"（recueil de l'être），要么仅仅是那些被命名的东西，要么这样的存在是从语言中抽离出来的东西，某种从来不意味着任何超越于将其传递给**另一种语言**的东西，即诗人的语言，一种上帝的无意识的语言。

在这一点上，我已经说明了只有数在引导我们。当代的信念与莱布尼茨的信念不分轩轾：如果"不可认识"的意思是一种从语言之中抽离出来的清晰的**概念**，那么对于思想来说，可能存在着并非是不可认识的东西。从语言中抽离出来的东西可能并非概念，并非思想。这就是为什么拉康的不可象征化的真就是一种"恐惧"。尽管该来的会如期而至，利奥塔相信必然会给出"句段"（phrase）以命名。那不是可以命名的东西，其很好地与思想保持了一丈长的距离。在莱布尼茨的"不可认识的原理"中，维特根斯坦在《逻辑哲学论》的最后给出了在今天连贯性的版本："在我们不能言说的地方，我们必须保持沉默。"

如今，我们知道，即便在保罗·科恩运算所建构的数中发生了事件，那也正是我们有可能生产出不可认识的概念，并在这个概念之中的多元实存的某种前提下建立概念——"类"的多元。因此，在我们不能言说的地方（这种意义上的不能言说，即"对于说明它，并阐明其独有的属性上无话可说"）必须保持沉默是多么的错误。它必须作为不可认识的东西来认识。如果我们认可在数学前提的影响下，我们不再坚持在可以命名与不可思考之间作出选择，我们不再在某种可以在语言中得到阐明的东西，与某种妙不可言，事实上是一种无法承受的"经历"，一种扰乱（défait）精神的东西之间踟蹰不前，那么对于不可认识之物，即便它摧毁了语言独有的权力，其不过是提出了概念，公开正式地让其实存获得合法性。

在这一点上，有可能回到客体和二，并说明存在于我们这三个问题之间的深刻的关联。如果真理不需要客体范畴，那仅仅是因为作为无限程序的结果，它总是一种无法认识的多。如果二异于所有的政治或爱的客观基础，那是由于这些程序旨在一种不可认识的实存（existence）的或群众的子集，而不是用它们来"反抗"统治它们情势的东西。这是因为爱是生活的补充（supplément），而不是将一个人同另一个人绑在一起。这是因为从奠基性的事件来看，政治试图为不可划界的东西划界，让人民展现为一个多，现有既定的语言无法理解这个共同体，也无法理解其旨趣。最后，如果二是一种生产，而不是一种状态（état）①，这是因为一步步地识别出大一所主宰的情势的东西并非是"另一个大一"（un autre Un），而是**未被计数**（n'a pas été compté）的内在形象（la figure immanente）。

今天，哲学必须与客体的毁灭、二的情形的颠倒以及思考不可认识之物纠结在一起。它必须从**让唯一主体受益**的客观性之中退出，坚持认为二是偶发性的，是事件不可避免的衰退，并将真理等同于非描述性的、不可命名的类性。将三个要求扭结在一起意味着一种复杂的思想空间，其核心概念就是一种无客体的客体，它自己就是在自身之中，对补充它的事件忠实地生成类性的结果。如果我们试图来组织它，这样一个空间将会十分乐于欢迎哲学的四个前提的当代形象。

至于其**形式**（forme），我所拥护的哲学姿态就是柏拉图的姿态。

---

① état 是巴迪欧经常使用的一种双关语，这个词既有状态的意思，也有国家的意思，在绝大多数情况下，巴迪欧喜欢用小写的 état 表示状态，如 état de la situation，而用大写的 État 表示国家。——中译注

10. 柏拉图的姿态

柏拉图的姿态有：认为诗人时代终结了，将数的当代形式作为本体论的渠道，从其真理功能的角度来思考爱，记下政治开启的方向。柏拉图也必须将诗人——无辜的智者的帮凶——排斥在哲学奠基的规划之外，将数学上对无理数问题的处理纳入到他所谓的"逻各斯"的视野之中，公正对待在上升到美与理念（Idée）之中突然出现的爱，并思考民主制城邦的黄昏。还必须加上：正如柏拉图将智者——现代性顽固的代言人——作为其对话对象，所以，我们试图与这个界定了所谓的"智术大师"古典范畴在今天的版本——在本质上，其所关联的形象是维特根斯坦——进行最彻底的决裂。语言至关重要的价值及其在不同游戏之中的可变性质疑了真理概念的永恒性，真理在修辞上类似于艺术的效果，类似于实用主义和开放性政治：古希腊智者与为数众多的当代智者的方向有着如此众多的共同点，这解释了为什么近来研究和参考高尔吉亚和普罗泰戈拉的人成倍增加。我们也有着面对这些智者的批判的义务，所有人都有责任去澄清他们关于这个时代所教育的东西。青年柏拉图知道他不得不超越同这些智者之间微不足道的争辩，超越智者教育所说的关于他所处时代的本质。

这对于我们来说依然如此。从缝合的时代向哲学新开端的时代转变表明智者的统治是完全自然的。伟大的现代智术、语言学、审美化和民主都践行着其消解的功能，审视着我们的困境，并为我们绘制出何为当代的图像。对于我们来说十分重要的自由无羁（libertin）对帕斯卡一样十分关键：它让我们对时代的独特性保持警醒。

以数（开启）、诗（消解）、政治（重建）、爱（思考）构筑起来的反智者的构想，其中我所提出的哲学姿态是柏拉图式的哲学姿态。我不知道在最富变化也最多分支的哲学学派中比反柏拉图主义更为流行的问题是什么。在斯大林编撰的哲学辞典中，我们可以读到"柏拉图"是"奴隶主的意识形态拥护者"，非常简短和突兀。而萨特的反本质的存在主义论争中将柏拉图作为其靶子。海德格尔谈到了自"柏拉图转向"之后便进入了遗忘的历史，无论其所关注的是什么，那里总存在着一个与柏拉图理念论截然不同的古希腊。当代语言哲学站在智者一边来反对柏拉图。而对人权的思考，将极权主义的诱惑追溯到柏拉图那里，显然就是波普尔的企图。拉库-拉巴特试图探索出柏拉图同模仿的暧昧关系，而这就是西方政治命运的起源。可以无穷无尽地列举所有这些反柏拉图的序列，这些对柏拉图的怨恨，所有对柏拉图的解构都是有问题的。

在哲学同诗缝合的黎明，当代反柏拉图主义的伟大"缔造者"就是尼采，因为柏拉图是唯一反对这种缝合的人。在《超善恶》的序言中，尼采所建立起来的诊断非常有名："诚然，医生会问道：'这个最美轮美奂的古董——柏拉图——怎么会患上这样的疾病呢？'"柏拉图是西方精神疾病的名称。基督教本身不过是一种"'为大众'所用的柏拉图主义"。不过，尼采所关注的选择，最终让"自由精神"自由地统治，西方开始了它的复苏："欧洲在梦魇过后，又开始了自由地呼吸。"实际上，对柏拉图主义的取代仍然在进行中，这种正在进行的取代赋予了一种史无前例的思想以能量："反柏拉图主义的斗争……在欧洲已经制造了一种前所未有的绚丽夺目的精神紧张的局面。""自由的，非常自由的精神"，"善良的欧洲人"手执有如满月的弓，"也许还是箭矢，有使命——谁知道呢？——有**目的**"。我们知道，很快就会出现，这个"目的"就是——它的政治许诺的曾经的血腥的不可命名的谎言已经烟消云散了——将思想纯粹而简单地移交到诗手上。尼采的反"柏拉图疾病"的论争并将之应用到对欧洲人的诊断上，属于真理的概念。可以让"自由精神"确保柏拉图主义觉醒——这种觉醒既是思想的觉醒也是柏拉图主义本身的觉醒——的激进的原理在于一种真理的消解："对我们来说，判断的错误并不一定导致对判断的拒绝。"在尼采的带领下，在这种真理的指引下，一个世纪以来，人们进行着斗争，以彻底根除那些被他当作柏拉图疾病的主要征候。治疗柏拉图主义首先要治疗真理。倘若治疗过程不能坚决地对数进行憎恨的话，这种治疗就不会是彻底的，因为数成为了柏拉图主义所有疾病的羸弱所寄居的硬壳："或者考察一下数学形式的魔幻术（grimoire），斯宾诺莎靠这个魔幻术的甲胄和面具武装了他的哲学……在每次战斗开始，就将令人胆战的恐惧透入每一个攻击者的内心之中……而这病入膏肓的头盔之下所掩盖的是它多么怯懦和孱弱呀！"通过格言和断片、诗与谜题、隐喻和铭语而来的哲学——这就是尼采的风格，这种风格在当代思想之中引起了如此众多的反响，它将自己根植于对真理的摧毁和对数的消解的双重要求上。这是一种彻头彻尾的反柏拉图主义，尼采让数置于类似于柏拉图让诗所陷入的困境之中，这是一种受到质疑的羸弱，一种思想的病症，一种"面具"。

毫无疑问，尼采获得了长期的胜利。的确，这个世纪已经"治愈"了柏拉图主义，在许多最有力度的思想中，哲学已经与诗缝合在一起，将数学抛给了那些吹毛求疵的实证主义的缝合。反证的证据也通过下述事实给出：唯一一个公开的伟大的柏拉图主义者，也是现代唯一对柏拉图进行思考的思想家是 20 世纪 30 年代的阿尔贝·劳特曼（Albert Lautmen）①。他的思想正是通过数学来建构的。很长一段时间里，这个思想都被埋没了，并不被人所知，纳粹对劳特曼的处决打断了这个进程。今天，如果我们不将

---

① 阿尔贝·劳特曼（1908—1944）：法国柏拉图主义的数学哲学家，二战时他从纳粹的战争监狱中逃狱，最后 1944 年在图卢兹被德国纳粹处决。——中译注

许多数学家自发地"柏拉图化"算在内,近一百多年来,我们唯一可以发现的在当今时刻我们所需要的柏拉图主张的支点在哥德尔和科恩那里,当然也在拉康的真理学说之中。所有事情的发生,仿佛尼采所说的东西在与诗缝合的外衣之下封印了这一切,一个世纪的命运都在同时反数和反真理。今天,我们必须摧毁尼采的诊断书。这个世纪和欧洲必须坚定不移地治愈反柏拉图主义的病症。唯有为了达到我们时代的需要,让其在真理范畴的历史更进一步,哲学才能存在。在今天的欧洲,真理是一个新理念。与柏拉图一起,与劳特曼一起,这种理念的新颖所在将会在数学的频繁出场中被照亮。

11. 类性

伟大智术下的现代哲学家都有这样一个观点:在本质上,存在是多。在《泰阿泰德篇》中,柏拉图已经指出,智者所主张的本体论在根本上与存在的多变化是一致的,无论其正确与否,他都将本体论变成了一种赫拉克利特式的本体论。但柏拉图为大一(UN)保留了位置。我们必须认识到,我们当下的情形会更为复杂,在现代伟大智术学派的引领下,在诸多丰富多变的变型之后,我们这个世纪就是同大一斗争的世纪。我们不能摒弃没有大一的存在,更不能摒弃多的无限权威。上帝真的死了，同时死去的还有在对存在思考的秩序中依赖于他的诸多范畴。我们所经历的这个过程就是一种**多的柏拉图主义**（platonisme du multiple）的过程。

柏拉图思想从多的本体论这一难题出发摧毁了智术的语言学和修辞学上的多种变体。可以肯定的是，我们在今天所遭遇的是语言的灵活可能性（维特根斯坦的语言理论）和呈现的多之形式（forme-multiple）（德勒兹的巧妙的描述性研究）之间的结合体。其弱点发生了改变：我们必须**担当**（assumer）起多，标志出语言所能构建的最极端的极限。在那里指出不可认识的问题的关键要旨所在。

最主要的困难与真理范畴相关。倘若存在是多，如何来拯救真理范畴？而这个拯救是所有柏拉图式的姿态真正的最内核的东西。由于存在真理，那么多元之大一并不是事先宣布的，难道这种让真理判断成为可能的大一是不适当的吗？此外，如果存在是多，真理必定是多，除非其不存在。但是真理何以在其存在着那个被设想为多呢？现代智术坚定地在多的地平上贬斥了真理范畴，就像古希腊"相对主义"智术曾经所做的那样。在这里，我们又一次看到，尼采开创了以生命的多之潜能的名义对真理的审判。由于我们无法从对存在思考的能力的裁定中抽身出来，于是，我们不得不提出一种真理学说，从而与存在之所为存在的不可化约的多元性相匹配。真理只能是对于多的独特的生产，其要点在于，从语言的权威中将这种多抽离出来。这种多是不可认识的，或者毋宁说，**它将会已经是**（aura été）不可认识的东西。

这里的核心范畴是**类性多元**（multiplicité générique）。它奠定了多的柏拉图主义，让我们思考一种既作为独特程序的多之后果，也作为在可命名的领域上的一个黑洞，或者一个抽离的真理程序。这让一种纯多的本体论成为可能，而无需贬斥真理，无需认识语言变量的构建性本质。此外，这是思想的框架空间，在那里，哲学的四个前提可以聚集在一起，并彼此可能共存。事实上，诗、数元、革新性政治和爱在其当代形态中，不过是纯多的情势下一种类性的多的生产的**实际**制阃，它为这些情势创造了真理。

第一次提出类性的多的概念是在数学活动中。事实上，这是保罗·科恩在 20 世纪 60 年代初提出来的，他用其来解决中断了一个世纪的关于"力"的专业问题，或者说关于某种无限多元的纯粹量的问题。可以说，自康托尔命名了"集合论"之后，类性的多的概念完成了这项工作的第一阶段。在《存在与事件》中，我完全展开了纯多理论的数学大厦与在今天能够重新发现哲学的概念命题之间的辩证法。我在一般性假设下完成了这一工作，即对存在之所为存在的思考是在数学中完成的，为了容纳其四个前提，并让这四个前提彼此共存成为可能，哲学必须决定"什么不是存在之所为存在"，这也就是我所谓的"事件"。类性的概念被用来思考一种内在于多之情势（situation-multiple）并补充它的事件的后果。其设定了某种多元的状态，这种状态同时在情势中被描绘出来，并不断地在其中加进一种偶然事件，这个偶然事件不可逆转地从所有的命名形式中抽离出来。对一个情势有规则的连续性的多之交互网络（intersection-multiple）与补充情势的事件上的随意性，正好就是情势的真理的位置所在。这种真理诞生于一种无限程序。我们对之能说的仅仅是——在假定这个程序完善的情形下——它"将会已经是"（aura été）类性的或不可认识的程序。

在这里，我的目的仅仅是指出：**为什么认为类性的多是一种真理存在的类型是合理的**。一个既定的多，亦即某种东西的完全存在就是纯多，无一之多（multiple-sans-Un），那么，创造这样一种多的真理的存在何以可能被思考？这才是问题的关键所在。由于显现出来的深不可测的深度是不连贯的，那么真理就是这样，在被显现出来的东西内部，作为这些被显现出来的东西的**部分**（parti），让这种不连贯性——这就是呈现的连贯性最后的支柱——敞露在阳光之下。从连贯性中最高程度地抽离，从对纯多统治和压抑的规则中抽离（我将这种规则叫作"计数为一"）的东西只能是一种特殊的"搪塞"（évasif），一种不清不楚的多，没有轮廓，没有任何可能的清晰命名。也就是说，这个多作为特殊范例可以是**任何东西**（quelconque）。如果我们认为，作为存在的多的权威是无限的并同时存在着真理，那么这种真理必须遵从三个标准：

1. 这种真理必须是多之真理，无需求助于超越性的大一，它必须是在这个多之内的生产。真理必须是这个原生的多的一部分，是这个情势的一部分，而真理就是情势的真理。

2. 存在是多，真理也必须是多，一个真理应当是一个多，因此，它是一个情势下的多之部分（parties-multiple），该真理即这个情势的真理。正如人们所希望的那样，真理并非一个"已经"给定的或已经出现的部分。真理源于一种独特的程序。事实上，这个程序只有在事件的补充点上才开始运转，这是某种从情势中溢出的东西，即事件。真理是带有风险性的补充的无限后果。所有的真理都是事件之后的真理，尤其不存在"结构性"的或客观性的真理。关于在情势之中被认可的结构性陈述，我们不能说它们是真的，只能说它们是如实的（véridique）。它们并不是与真理相关，而是与知识相关。

3. 情势的存在是一种不连贯性的存在，关于这种存在的真理需要显现为任意的多元，一种匿名的部分，或者一种可以还原为其呈现的连贯性，对此，它是一种无法命名的指称，一种非凡独特之物。因而，真理应当是情势的类性部分，"类性"决定了它是情势中的任意部分。对于该情势，它并不言说任何特殊之物，除了其这样的多之存在，即其在根本上的不连贯性之外。真理就是这种最低程度的连贯性（一个部分，一个无概念的内在性），它在情势之中确证了情势的不连贯性，而在这种不连贯性之中真理得以创造出来。但由于从一开始情势的每一个部分都表现为独特的、可命名的，并按照连贯性规制有序的，所以真理所有类性部分应当是被生产出来的部分。它应当构成了一个事件之后的程序无限的多的地平，我们将之称为类性程序。

诗、数元、革新性政治、爱正是不同类型的类性程序。它们在可变的情势中生产出（在语言本身不可命名之物，一种纯粹字母的能，作为所有可以命名的意志的隐匿力量的一般意志，以及作为从未被计数为一的两性的二）的东西仅仅是在类性的多的系列下的这些情势的真理，在那里，没有知识可以"钉上"自己的名字，或者事先就认识其状态。

从这样的真理概念出发，在事件之后的情势之中作为真理的类性的多的生产中，我们可以再一次承担其现代哲学建构性的三位一体：存在、主体和真理。对于存在之所为存在，我们坚持认为数学在历史上构成了思想的唯一可能，因为只有数学在字母空洞的力量下，对纯多、对无法预测的多的无限进行了刻画，这就是在其呈现中现成给定和把握的东西的宏旨所在。数学就是实际的本体论。对于真理，我们坚持认为，它被事件所构成的独特补充所搁置了。真理的存在，如同其所是的存在的多，是任意的类性的不可认识的部分的存在，在其多元的匿名性之中实施其多，它宣布了它的存在。最后，对于主体，我们坚持认为，它是类性程序的**有限时刻**。很明显，在这个方面，我们必然得出主体仅仅存在于四种类性的类型之一的严格秩序之中。每一个主体都是艺术主体、科学主体、政治主体或爱的主体。所有人都可以从经验得知，除了这些痕迹之外，只有实存，只有个体性，却没有主体。

类性是转向多的柏拉图主义姿态的核心概念，找到了哲学当代诸前提的描述和共存可能性。至少在 1973 年之后，我们对革新性政治的了解就是它只能是平等的和反国家的，在历史和社会的厚度中，它追索着人类的类性，摧毁着各种阶层，摧毁了分化差异或者等级制的再现，并认定了一种独特性的共产主义的存在。我们对诗的了解，就是探索一种为所有人提供的未分离的、非工具性的语言，一种发现言说本身的类性的声音。我们对数的了解，就是它把握了一种剥离了所有呈现性区分的多，把握了多之存在的类性。最后，我们对爱的了解，就是超于邂逅，宣布忠实于他们所发现的纯粹的二，并创造出男男女女的事实的类性真理。

今天的哲学就是对这样的类性的思考，它开始了，并已经开始了，为了"即将展开的辉煌灿烂，无论到来的是什么，它都可以与旧世界的阴暗相媲美"。

附录一

哲学本身的回归

在以肯定的态度向我们的老师（尤其是路易·阿尔都塞）致敬时，让我们来命名开创性的陈述"命题1"。不过，它有一个否定性的形式。

命题1 如今，哲学被其同自身历史的关系所麻痹

这种麻痹源于这样一个事实，即从哲学上考察哲学史，几乎我们同时代所有的人都赞同宣布，哲学史已经进入了哲学终结的无穷无尽的时代之中。其结果是导致了一种"哲学的疾病"，我们应当命名一种再定位：哲学不再明白它是否还有一个合适的地位。它试图嫁接到其他的业已建立的活动之上，如艺术、诗、科学、政治行动、精神分析……或者说，如今的哲学仅仅是其自身的历史，它变成了自己的博物馆。我们将这种在变成历史文献和重新再定位的来来回回的犹豫不定称为"哲学的麻痹"。可以肯定的是，这种麻痹与哲学同期光辉的形而上学的过去之间连续不断的和消极的关系密切相关。主流的观念是形而上学业已在历史中耗尽，对于如何克服哲学的枯竭尚未给予我们药方。在这个意义上，我想起海德格尔在一次临时性访谈中的断言："只有一个上帝能拯救我们。"海德格尔当然不是在等待一种新的宗教。他的意思是，对思想的拯救不能是对之前哲学成就的延续。某种东西业已发生，"上帝"一词代表着一个闻所未闻的、无法预计的事件，唯有这样的事件才能从今往后赋予思想以原初使命。那么，哲学陷入了哲学在历史上的枯竭和拯救转折点上无概念的风险之间的裂缝之中。当代哲学将过去的崩溃与对未来空寂的期待结合在一起。

我的全部目的在于打破这种诊断。这个目的的困难之处在于避免一种新古典的风格，避免走向传统主义的风格，那些人打算用对伦理的反思来填补这个裂缝。

我们必须回溯到根源处，其根源是一个反思性的、几乎是麻痹了的节点，它将哲学同历史文献学结合在一起。这样，我们捍卫的命题采取了第二种形式，即一种断裂的形式。让我们称之为命题2。我们可以将之归纳为：

命题2　哲学必须从其自身之中与历史主义决裂

与历史主义决裂——这个命令的意义何在？我们的意思是，哲学表达必须一开始就决定自身，而无需去参照其历史。要足够大胆地表达自己的概念，不要将其带到他们历史时代的审判席之前。

说到底，黑格尔的那句名言仍然浮现在我们面前："世界历史也是对世界的审判。"在今天，哲学史不仅仅是它自己的审判，这种审判往往不断地回到主要惩罚的裁决那里：裁定了终结和摧毁过去和现在的形而上学。可以说，尼采的谱系学方法正如海德格尔的解释学方法一样，不过是在这一点上各自提出了自己的黑格尔工具的变体而已。正如在尼采和海德格尔那里，所有宣布自己是哲学的思想都必须首先在历史的蒙太奇（montage）中进行**评估**，而历史的蒙太奇从古希腊那里获得了动力。对于他们而言，游戏开始了，而开始的铃声是在前苏格拉底与柏拉图之间响起的。思想最初的使命就是在那里失却的，并沦落于被支配的地位，而原初使命的失却直接决定了我们的命运。

我提出，让哲学与这种谱系学的律令相决裂。海德格尔相信我们在历史上都是被存在的遗忘所决定的，甚至是被对这种遗忘的遗忘所决定的。我的立场是应当提出，暴力性地去忘却**哲学史**，这样就会暴力性地忘却整个存在的遗忘的历史蒙太奇，即"忘却对遗忘的遗忘"。这种遗忘的律令是一种方法，当然，遗忘历史绝不是忽视历史。遗忘历史首先意味着作出**思想的决定**，且无需回到由这些决定所设定的历史意义上。问题在于打破历史主义，像笛卡尔和斯宾诺莎一样尽遇到一种自动的对话语的正当化之中。哲学必须采纳思想的原理，并从中得出结果。只有在那时，从其内在的决定中，它将会召唤出自己的历史。

哲学必须以这样的方式来决定自身，即去判定它自己的历史，而不是让历史来判定它。

今天，这样忘却历史和原理革新的操作意味着我们可以去**界定**哲学。准确来说，不仅仅是从历史上来界定哲学，也不仅仅是从西方形而上学的命运和衰落中来界定哲学。这样，我可以提出我的第 3 个命题，这一次，命题是肯定性的命题：

命题 3　对哲学的界定是存在的

让我继续说，在我看来，哲学的界定本身在历史上是**恒定不变**的。这并不是从结果而来的界定，或是对一种意义失却的生产。这是一种内在固有的界定，让我们可以将哲学同非哲学的东西区分开来（而这源于柏拉图），也可将哲学同那些并非哲学但**类似于**哲学的东西区分开来。与哲学类似的东西有很多，自柏拉图之后，我们将之称为"智术"。

智术问题非常重要。从一开始智者与哲学就是不可调和的孪生兄弟。在今天，在其历史主义病征的理解中，哲学在现代智者面前非常羸弱不堪。更为常见的是甚至将那些伟大智者——因为那里有伟大智者——当成伟大的哲学家。准确来说，仿佛我们所认为的伟大的古希腊哲学家不是柏拉图与亚里士多德，而是高尔吉亚和普罗泰戈拉。更为显著的是，现代的一些古典历史文献学者逐步去保卫这些论断。

谁是现代智者？现代智者就是那些依循着伟大的维特根斯坦的足迹，认为思想在下述方面是可以选择的人：思想要么是话语和语言游戏的后果；要么就是一种沉默的象征，一种纯粹从语言簇中抽离出来的某物的"展现"。对于他们来说，基本的对立不是真理与错误或错乱的对立，而是言说与沉默的对立、可说与不可说之间的对立。或者说，被赋予意义的陈述与缺乏意义的陈述之间的对立。

在许多方面，被作为最当代哲学的东西恰恰是一种强大的智术。《逻辑哲学论》最后的陈述为："在我们不能言说的地方，我们必须保持沉默。"然而，哲学的存在仅仅是去保卫那些我们不能言说的东西，那些东西正是我们准备要去说的东西。

在其根本运动中，其反对意见也被提了出来，当代话语本身也宣布要与历史主义决裂，至少在马克思主义和人本主义形式中是这样。一些反对意见走向反对进步观念和前卫观念；另一些人则与利奥塔一起宣布宏大叙事的时代业已终结。但是从这种"后现代主义"的反驳意见中，我们只能得出话语的一般等价物——一种巧言令色和暧昧不清的规则统治。它试图在历史叙事的堕落中让真理的观念卑躬屈膝。它对黑格尔的批判恰恰是对哲学本身的批判，这只会让艺术、权利，或一种无法追忆、无法道出的规则受益。这就是为什么必须说这种话语——让有意义的痕迹的多元性走向某种沉默的对应物——不过是一种现代智术。这样一种彻底生产性的巧言令色的话语应当用来为哲学去证明，在今天，哲学家不能去实践一种稳固的区分，去找到他们自己同智者之间的清晰的界限。

现代智者试图用规则的观念来取代真理的观念，这就是维特根斯坦鼓舞人心的任务最深刻的意义所在。维特根斯坦就是我们今天的高尔吉亚，我们也把他当作这样的人物。古代智者已经用力和习俗的混合物取代了真理；现代智者希望设定规则的力量，在广义上来说就是确定律法的语言学权威的模态，用之对抗真实的启示或生产。

这种意愿最新的变型是对犹太史诗的重新运用，这在几年之内已经成为了一种范式，其潜能大大超越了政治领域。在今天，它已经被看成一种如实的哲学主题。

我们无法确定史诗的宏大和悲剧是否准确地适应于当代智者话语所追求的目的。不过，无论愿意与否（volens nolens），"犹太人"赋予当代话语某种东西，没有"它们"，将会缺少点什么——正如许多零星的智术所表述的：缺少历史的深度。后现代主义已经将进步话语的傲慢抛诸脑后，它们判断参与到救赎问题之中——并不是没有好理由——将会坚定地将原初律法之下的犹太人的奇迹与基督教（他们宣称真理已经实际**到来**）对立起来。犹太人的框架（我们应当说说其传统的设定）是危险的，它将律法同解释结合起来，这样与基督教框架是对立的，基督教是将信仰和拯救结合起来。

当然，我并不是说这种区分了犹太教和基督教的思考方式有着良好的根基。首先，因为"犹太"这个能指的普世意义并不会让其自身被宗教性的叙述所再现，即便这个词在其最高程度的抽象上也是如此。此外，因为保罗对犹太人的思考非常复杂，他的思考定位了一个准确的点，在这个点上，决定了信仰和律法的关系。在这个例子中，让我感兴趣的是现代**智术**的策略：让语言分析对立于历史性的和具有优先地位的悖论性的主体，为的是智者对哲学的否定可以让其从历史主义的现代名望中受益。需要认识到，这种操作赋予了当代话语一种吹毛求疵批判的虚伪能力和命运的尊严。

从后现代智术的灵活易变中诞生了哲学的义务。因为通过以往历史来恢复哲学本身，必然暗示我们必须再一次清晰地让哲人同智者划清界限。我想说，这就是第4个命题：

命题 4　所有对哲学的界定必须同智术划清界限

总的来说，这个命题迫使我们通过真理概念提出哲学的定义。古代或现代智者均宣称不存在真理，真理的概念是无用的和不确定的，因为那里只有习俗、规则、话语类型或语言游戏。因此，我们对命题4作出一点点变化，我称之为命题4b：

命题 4b 真理范畴是所有可能的哲学的核心范畴——在其他名称下也是这样

于是，命题 2 所提出的界定哲学的必要性出现了，在与现代智者的冲突中，这个必要性说明了真理范畴内在于哲学的地位。

这样一种说明被表达为——在被其展开所激活的思想原理的影响下——一种为了哲学思考（philosophein）的焕然一新的要求，这可以回溯到巴门尼德和柏拉图。从这个观点来看，它的运作对立于这个世纪"生成"（devenir）的潮流，而哲学声称它停泊在这个潮流上。

在 20 世纪即将没落时应当留下些什么？如果我们从鸟瞰的视角来看待这个世纪，它应当留下些什么？毫无疑问留下的是：三种历史的布局（disposition），三个地点，哲学维度的三种意识形态情结或托辞。

三个布局是斯大林的官僚制社会主义、法西斯主义的降临，以及"西方"代议制的展开（déploîment）。

三个地点是俄国、德国和美国。

三种情结是辩证唯物主义，即斯大林版的马克思主义哲学；海德格尔在纳粹军国主义维度下的思考；从维也纳学派的逻辑实证主义发展而来的美国学院派哲学。

斯大林的马克思主义宣布辩证唯物主义与真正的历史运动是融合在一起的。海德格尔相信他认识到，在希特勒就职的那一刻,思想最终面对的是大地上技术的统治,或者在那一刻,如同他在就职演说中所说的那样,那时"我们服从于来自于我们精神——历史生存的开端的遥远的命令"。最后,盎格鲁-撒克逊的分析哲学在语言的考察中找到了与民主对话相匹配的思想形式的规则。

这三种知识企图的一个明显的共同特征是,它们都假定了同柏拉图式的形而上学基础的坚定不移的对立。

对于斯大林的马克思主义,柏拉图标志着唯心主义的诞生,一种代表着压迫者的伪永恒的哲学形象。

对于海德格尔来说,柏拉图标志着形而上学创始的时刻。在前苏格拉底哲学那里,在这个意义上,存在"是"它自己作为始初自然(phusis)的展开。由于柏拉图,存在臣服于理念,并被理念所遗忘。它获得了显在(Présence)的稳固性,其代价是用至上生存的被阉割的问题取代了真正的问题和对存在的关怀。在这种悲情的高度上,能够让思想的重新开启解蔽的东西必须让我们摆脱柏拉图开启的形而上学。

盎格鲁-撒克逊哲学中的分析和中庸的操作似乎在目的上与海德格尔的词源学和历史沉思相对立。不过,他们也将柏拉图归为实在论,一个老旧过时了的数学对象的视野,认为他低估了语言形式对思想的冲击,他是一种超感性的形而上学。在某种意义上,海德格尔和卡尔纳普都试图去摧毁形而上学,并让其走向终结。他们的批判性思考的程式,尽管其方法大相径庭,但他们都将柏拉图看成必须在哲学上加以克服的标志。

总而言之,当尼采宣布欧洲将会治愈他所谓的"柏拉图的疾病"时,他是对的。因为这事实上是当代关于哲学终结或形而上学终结的陈述的真实内容。这个内容如下:在历史上柏拉图所开创的东西已经进入到其影响的最后阶段。

至于我自己,我相信必须要去宣布这个终结的终结。

说终结的终结,或**这种**终结的终结,不可避免地等于说重新开启了柏拉图的问题。这并不是要去恢复现代性试图从中抽离的指定的形象,而是去考察是否存在我们未来的思想必须支持的**另一种**柏拉图的姿态。

柏拉图长期以来吸引我的是一个令人惊异的转折,即从《苏格拉底的申辩》——让我来说——到《法篇》第十卷之间的转折。因为柏拉图的思考根植于这个问题:为何要处死苏格拉底?诚然,这一切是在黑夜般的恐怖中完成的,其压制性的工具是提出了不敬神和腐蚀败坏年轻人两项罪名——正是这两个指控导致了对苏格拉底的处死。看起来我们不得不说,最终苏格拉底是被合法地处死的。在柏拉图的《法篇》中,那个被称为雅典人的角色所说的话真的十分重要。在苏格拉底之后,如同其思想生活一样,那些人成为了城邦的一般代表,他们再一次宣布反苏格拉底,且更喜好用不可变且更具有稳定性的刑法。

这个转折点让我们想到，不只存在**一种**柏拉图哲学的基础，**一种**开创性的姿态，例如形而上学的姿态。但是那里只有一种哲学工具的奠基，与之相伴随的是一种进步性的延展的张力，它将这种工具暴露于一种灾难之下。

因此，我想思考一下这个问题：起初，到底是谁将哲学以最极端的形式暴露在灾难之中，从而导致了哲学最初的形式的颠覆？也可以这样来提出问题：是什么导致了柏拉图**不再信任**从申辩对话向刑事定罪的运行轨迹？

对这个问题的回答，我们必须远离一些要素，在这些要素中，哲学将自己建构为一种思考的独特场所。"古典"哲学的核心范畴是经过界定的真理。但这个范畴的地位如何？经过对柏拉图细致地考察——我不能在这里一一详述——发现了以下几个命题：

（1）在哲学之先——这个"先"不是时间上的先——存在着真理。这些真理是异质性的，真理是在真（réel）中前进，而独立于哲学。在数学这个特例中，柏拉图称之为"正确的意见"，或者"来自于前设"的陈述。这些真理与四种被柏拉图系统研究过的可能的指示有关。这四个场域——在其中，极少的真理"持存"——分别是数学、艺术、政治和爱的邂逅。这些就是哲学事实上的、历史上的或者前反思的前提。

（2）哲学是一种思想的构建，在其中，存在着一些公认的真理来**反对智术**。这个核心宣言设定了一个严格的哲学范畴，即大真理（Vérité）。通过这个范畴，同时可以宣布，那里存在着各种真理，这些异质性的真理的多元性可以彼此具有**共存可能**，哲学则欢迎这些真理并为之提供庇护。大真理同时设定了事物的多元状态（存在诸多异质性的真理）和思想的统一性。

"存在真理"的陈述决定了哲学是对存在的思考。

"对思想而言，诸真理彼此可能共存"的陈述决定了哲学是对一个思想的独一无二时代的思考。我们知道，柏拉图称之为"时代的常态"，或者永恒，这是一种严格的哲学概念，这里面不可避免地带有对大真理范畴的奠基。

可以说对哲学永恒、时代之谜、向死而生的存在、有限存在的观念的当代阐释，都是历史主义的明显后果。永恒本身绝不是一种宗教观念，而毋宁说是哲学的根本观念——甚至包括审美哲学，因为这种观念自身就可以让哲学处于数的前提之下。要反驳那种将永恒等同于智者们（对他们来说，什么都没有价值，只有有限行为的演说）的即将来临的胜利，这样，智者们会将我们陷入话语的毫无尺度的弥散中。

（3）大真理的哲学范畴，就其自身而言，是**空**（vide）。其操作着，但不表达任何东西。哲学不是真理的生产，而是一种从诸多异质性真理而来的操作，这个操作处理着"存在真理"和诸真理在时代中的共存可能性。

我在《存在与事件》中，建立了在空与存在之所为存在之间的根本关联。大真理的哲学范畴就是这样的空，空解释了哲学和本体论的原初交叉，即哲学与数学之间的暧昧不清的辩证法。重要的是要看到大真理（用大写字母 T 来表示）在范畴上的空**并非存在之空**，因为它是操作上的空，而非显在上的空，思想上唯一的空的显在就是数学上的空集。我们会看到，大真理的空是一种纯粹的顿歇，在那里，哲学对外在于它的诸真理进行操作。这样，空不是本体上的空，它纯粹是逻辑上的空。

（4）这种操作的结构是什么？

哲学进一步以两种不同的方式构建了其有机范畴——大真理。

① 哲学依赖于一系列关系范式、论证风格、定义、驳斥、证据、结论的力度。可以说，在这个方面，它将大真理范畴上的空建构为对一种有序序列的颠倒或颠覆。在柏拉图那里，这是一个"漫长的迂回"，是辩证发展的制阈，其程序正好与它所抨击的智者们的程序一样。这种修辞并未构成知识领域，因为我们完全知道，这些"证明"都不足以去建立一种为所有人所认识的哲学原理。它们仅仅**类似于**知识，尽管其目的实际上也是建构性的。事实上，建构某物或"认识"某物并不是太大的问题，问题在于以一个范畴可以澄清这种建构。在此，为了那些生产性的目的，知识被仿造出来。这就是我们为何将这种程序——即笛卡

尔或斯宾诺莎的概念秩序之———看成一种**几何式的知识构造**。真理是这种构造所未知的东西。

②此外，隐喻、形象的强度、具有说服力的修辞都可以发展成另一种哲学。这次的问题指明了真理在范畴上的空是一个**临界点**。真理打断了连续性序列，它在自身之外或之上进行了重新概述。和柏拉图一样，正是这些形象、神话和比较的作品与他所抨击的诗人相一致。这一次艺术是动态化的，并不是因为艺术具有价值或者带有模仿性和通便性的目的，而是提升大真理的空达到某个临界点，在临界点上，辩证连续的思想被搁置了。在这里再说一遍，这绝不是"创造艺术作品"的问题，问题而是在于哲学与后者并不类似，甚至哲学并不能移交到艺术手上，或者将哲学感受为一种艺术，尽管其目的完全不同。可以说，艺术以自己独到的方式进行模仿，并带有生产出大真理主观位置的观念。我们将这种居于临界点上的处理方式称为**艺术构造**。大真理就是这种构造所不能道说的东西。

哲学从两个有着漫长历史渊源的对手那里借用了许多东西，这两个对手就是：智者和诗人。此外，也可以说，它从两种真理程序那里借用了东西：数学（证明的范式）和艺术（主观能动性的范式）。借用一些特殊属性仅仅是为了构建出在范畴上的操作，而这种操作与其位置紧密相关。

大真理范畴的哲学操作展现了某种螯钳。这些螯钳的一边是由论证组成的连续性的调节，另一边则是展示其临界所在。大真理将两者链接起来,并加以升华。

(5)进行链接和升华的大真理的螯钳有一个责任,就是去把握**各种真理**。(哲学上的)大真理同(科学的、政治的、艺术的或爱的)真理之间的关系就是**把握**。通过"把握"——我们的意思是抓住、夹住,也是握住——为之惊奇。哲学就是思考的场所,在那里,(非哲学的)诸真理被这样把握,并让我们理解。

把握效果的第一个意义在于,它旨在以一种令人信服的方式让多元真理的彼此共存成为可能。诸真理让它们一起在大真理之名(或者任何其他同等的名称,起作用都是其抓住问题所在)下,被哲学的螯钳所抓住。在大真理与诸真理之间,这里的问题并不在于奠定或保障一种包含或囊括的关系,而是在于把握的关系:**哲学是对诸多真理的把握**。

把握效果的第二个意义在于,赋予哲学独特的张力。这种张力来自于爱,这种爱没有爱的对象的困惑,没有恋人之间差异的窘境。

从更一般意义上来说,由于哲学的中心范畴是空,因而本质上哲学是**缩减性的**。事实上,哲学必须从感觉的迷宫中抽离出大真理。在其最内核处是一种缺乏,是一个空洞。这就是为何大真理的范畴及其时间上的边界都无法指向显现中的任何东西。哲学并不是对经验中的现成之物意义的解释,哲学是一种从显在中抽离出来的范畴操作。这个操作把握了各种真理，并准确地说明在感觉的制阈被打断时诸多真理是如何配置的。

在我看来，这一点至关重要。哲学首先是一种同叙事和关于叙述的评论的断裂。通过哲学之鳌的双重效果，即通过论证的链接和临界点的升华，哲学将大真理的效果同感觉的效果对立起来。哲学将自己从宗教分离出来，因为它让自己从解释学中独立出来。

所有这些都让我可以临时给出如下的哲学定义：

哲学是一种在大真理或空之范畴下的搅拌，这种空的定位对应于连续进程的颠覆，对应于界限的另一边。在观点上带有这个目的，哲学将知识的构造和艺术的构造组织成一个叠加起来的超级组合。它构建了一个把握真理的装置，这意味着：它说出存在若干真理，并让它自己去思考这些真理。这种把握是在没有对象的爱之下驱动的，构成了一种具有说服力的策略，且在权力上没有任何风险。这整个程序都是由前提所限定的，即由艺术、科学、爱和政治在它们的事件中所限定的。最终，这些程序通过一个特殊的对手——即智者——而走向两极分化。

在这个界定的要素之中，必须完成与历史主义最彻底的决裂，并在哲学家与现代智者之间作出最严格的区分。

第一个任务显然是对四种真理当下的变型进行评价：在科学方面，尤其是现代数学；在政治方面，尤其是革命时代的终结；在爱的方面，尤其是将光与影引入其中的精神分析；在艺术方面，尤其是自兰波和马拉美之后的诗。当现代话语成为"形而上学的终结"的标准承担者，并引以为荣——这也具有典型的智者的特征——它们让自己完全成为这个时代的引路人，对于青年人，对于消灭这个陈旧的遗产来说是一样的时候，这个过程是完全必要的。在哲学的螯钳中，它不可避免地要去面对对物质的思考，这种思考是最富活力、最当代，事实上也是最具有悖论色彩的。但这个定位决定了思想原则必须从大写历史的判断中抽离出来，这个原则允许去构建大真理的范畴，而这对我们的时代而言是革新性的和适宜的。

那么，在哲学上，我们可以将今天主流的"哲学"话语看作现代的智术，最后这决定了思想同构成它的陈述之间的恰当关系。

在我们回到这个决定之前，必须再一次提到下面这个反复出现的问题：为什么哲学——即我们已经所明确的哲学概念——反复地将思想置于灾难之中？是什么导致了哲学从大真理的空之谜题走向了刑事法规一般的合法性？

这个转折的关键在于哲学是从内部运作的，其途径是通过慢慢地将大真理的空之范畴的操作等同于诸真理生产的多之程序。或者另一种途径是：哲学放弃了把握诸真理操作上的独特性，其**本身**就作为一种真理程序。这也意味着它展现为一种艺术、一种科学、一种情感或一种政策。尼采的哲人-诗人；胡塞尔将哲学作为严格科学的心愿；帕斯卡或克尔凯郭尔希望将哲学看成有张力的生存；柏拉图的哲学王：正如许多出自哲学内部的规划总是有可能带来劫难。这些规划总是要求填补支撑着真理的螯钳程序的空。

当把哲学看成**真理的情势**而不是一种对真理的把握时，这是典型的哲学思想中的劫难。

对空的填补或者其本身在显在中降临的后果，等于是在三个要点上作出让步。

首先，通过看成大真理的充分性，哲学放弃了真理之多，放弃了诸真理程序的异质性。其宣称大真理只存在唯一的位置，而这个位置是由哲学自己建立起来的。这种看法将真理的两螯之间的空——在链接和升华之间的"存在之物"——变成了大真理存在的空间。

一旦大真理具有唯一的位置，那么就会存在一个接近这个位置的关联性隐喻。认可这个位置就是在一个迷人的唯一性中对其进行揭示。哲学就是一种开始、一条路径、一个入口以接近大真理位置的大门。最终，这是一种对位置的迷狂。很明显，在柏拉图清晰可辨的表达中，可以感觉到这种迷狂。在《理想国》的最后，潘菲里亚人厄尔（Er the Pamphylian）的神话带有的诗性风格试图让这种迷狂接近大真理的位置。

其次，放弃了自身并让大真理范畴走向实质化的哲学也放弃了大真理名称的多元性，不再认为这些名称只是临时的和可变的。原理、原则、宣言、律令、美和法律，这些都是大真理的名称。但如果大真理是其中某个,那么大真理就只有一个真正的名称,一个永恒的名称。可以肯定,永恒性通常是大真理范畴的一个属性。但这个属性只有在这个范畴是空的时候才是合法的,因为那里只有操作。如果这个范畴证明了显在,那么永恒性是在名称的弥散性上来划定的。它建构了一个独一无二的名称,这个名称不可避免是**神圣之名**。名称的神圣化终结了对位置迷狂的怀疑。

当然,这种神圣化多元决定了柏拉图的大善理念。大善理念具有两种正当的哲学功能:

(1) 其超越于本质之上,将大真理设定为一种临界点。这样,它命名了大真理之鳌的第二个鳌钳(第一个是推理);

(2) 其设定了中心点,那里并没有大真理的真理。那里只有一个停顿点,一个非反思性的点,一个空的他者。

但是,大善的理念还有第三种不正当的、溢出的功能:当其作为独一无二的、神圣的名称运行时,所有的真理都被悬搁了。在这里,哲学操作的严格性是侵凌的、践踏的和颠覆的。

最后,当它将自己想象成为一种生产性的真理时,哲学放弃了自己的节制,即哲学本身的批判性价值。它成为了一种悲惨的指令,一种蒙昧和暴政式的命令。为什么?因为哲学宣布大真理的范畴已经降临于显在。当这种降临的显在是一种外在于显在的大真理时,它是带着灭绝的指令而降临的。

让我们说得更明白些。在其操作之上，哲学说："大真理的空就是显在。"因此就是这样。但这种空真的是空，因为哲学不是一个真理程序，它不是科学，不是艺术，不是政治，不是爱。因此，这个真正的空在存在中出现了，但从哲学的角度来看，如果大真理是显在，它就是外在于大真理的。存在的某种东西在大真理之外展现出来，于是存在的某物被展现为**将不再存在的东西**。当哲学是大真理显在的哲学时，显在凌驾于诸真理之上，那么它必然说道：现今所是必然将不存在。而随着大真理的空的逐渐出现而到来的正是死亡的法则。

了解了这一点，即现今所是必然将不存在，现今在其存在中显现出来的东西不过是一种虚无，一种恐怖的效果。恐怖的本质就是去宣布某种现今所是的东西将不再存在。当它试图用大真理即实体的观念来对之施加影响，并从这种操作中产生出来，哲学便生产出恐怖，正如它亦生产了对位置的迷狂和名称的神圣一样。

我将迷狂、神圣和恐怖三重交织的后果称为**劫难**。这是**思想**自身的劫难。但是每一个经验上的劫难都是在思想劫难中开始的。所有的劫难都根植于大真理的实体化，亦即一种"非法"地将作为空之操作的大真理变成作为空本身降临于显在的真理的过程。

这样，哲学开启了通向劫难之路。相应地，所有的真，尤其是所有在历史上的劫难都包含一个哲人，这个哲人会将迷狂、神圣和恐怖扭结在一起。

这些哲人有一些强劲有力且清晰可辨的形态。斯大林的马克思主义的无产阶级新人，国家社会主义在历史上命中注定的德意志人，都是这种哲人的类型，他们采用了闻所未闻的恐怖效果来对付那些没有权利存在的人（叛徒、犹太人、共产分子……）并宣布他们对场所的迷狂（德意志的大地，社会主义的祖国），以及名称的神圣性（领袖、人民之父）。

但还存在一些柔弱和潜在不明的形态。帝国主义的代议制民主的公民也是一种灾难性的哲人。在这种形式（西方）迷狂地宣布了其场所，而名称将之神圣化为独一无二的存在（市场经济、民主）。所使用的恐怖是用来对付现今所是但应当不再存在的东西：贫瘠的星球，遥远的反叛，彻底放弃家园走向丰裕大都市的非西方人和移民的游牧。

这些都是已经付诸实施的灾难性的哲人在经验上和历史上的命运。

但是，这种在哲学自身之中对范畴操作灾难性地践踏是从何时开始的？是什么样的内在张力让哲学，这种把握诸真理操作的思想场所，逐渐走向暴露于劫难之下的真理在显在中降临？

问题的关键在于，哲学与智术相互斗争关系的本质和尺度。

从其诞生直至今天，问题在由语言规则所决定的诸多不同话语或思想风格的异质性之中。在思想没有受到最大程度的危险威胁时，这绝非一场灭绝之战，也不可能是这样。对于我们来说，除了当代智术之外，没有什么在哲学上是有用的。哲学绝不能让自己放弃反极端主义智术的斗争。当其一次性消灭掉所有智者黑暗的欲望而得到滋润的时候，它便误入歧途。在我看来，正是下面一点界定了这种学说：由于智者喜欢滥用哲学家的怀疑，所以他们宣称**智者必须不存在**。不，只能让智者打道回府。

倘若如此，智者就是哲学最独特的对手——这完全是因为他们修辞是一样的——的确，哲学必须永远承受智者的伴随和他们辛辣的冷嘲热讽。

智者说了些什么？

智者说那里没有真理，只有阐释的技术和陈述。在哲学上，可以通过大真理的空之操作正当地回答说，存在诸多真理。不能再像那些教条主义者一样，可以合法地说只有一个真理的位置，这个位置是由哲学本身所揭示的。这样的反驳是一种过剩，一种践踏，一种灾难。他们将大真理在操作上的空同存在搞混了。他们将理性操作的哲学变成了一种可疑的开创性路径。他们用独一无二场所的迷狂中止了把握操作的空，在那个场所中，大真理降临了，成为自己所提供的东西的面纱。这是一种冒名顶替。哲学或许提出对于诸真理的具体化实存的智者的反对意见，但当其提出对大真理位置的迷狂时，它就误入歧途了。

智者说，存在多种语言游戏，存在多种异质性的名称。在哲学上，可以通过大真理的范畴来合法地回答说，构建一个场所，在那里思想指明了其时代的统一性。哲学的把握说明了诸多真理都是可以共存的，我们不能再说只存在诸真理的一个名称。在哲学给予大真理的大写名称（尽管不可避免地这个名称是神圣的）下，将诸多异质性真理搅拌在一起是教条的和毁灭性的。

智者说，存在之所为存在对于概念和思想来说是无法接近的。可以在哲学上合法地通过大真理的螯钳去设定，去思考对诸多真理把握的场所。我们不能再合法地说，在大真理范畴之下，存在之空降临为它自身行为或命运的独一无二的思想。对于智者而言，哲学必须对立于诸多真理的真，而诸真理就是要去把握这种真并使之运行。一旦哲学提出这样的存在之大真理的恐怖主义的律令，那么哲学就误入歧途了。

哲学伦理基本上是持续将智者作为其对手，保持争议，辩证地争斗。一旦哲学宣布智者必须不存在，就变成了灾难性的时刻，在那一刻，它命令去消灭它的大他者。

在真正的哲学对话中，柏拉图与智者们进行争辩。在卡利克里或色拉叙马霍斯的暴力性喜剧中，柏拉图向普罗泰戈拉表示敬意。但这种辩证法通常包含了智者们所说的东西。

在《法篇》第十卷中，柏拉图通过将迷狂、神圣和恐怖扭结在一起的计划来阻止智者。于是，柏拉图放弃了哲学的伦理，并将自己整个思考暴露在灾难之下。

为了让哲学维持自身的伦理，在任何时候，智者都是必需的。因为智者可以提醒我们大真理的范畴是空。事实上，智者仅仅通过这一点否定真理，而那恰恰是他们与之相互搏斗的东西，但是在搏斗的伦理标准之内来进行相互搏斗。哲学极端主义是一种思想中的灾难性形象，且试图消灭智者。但事实上，这正是他们致力于且为之奋斗的胜利。因为如果哲学放弃了它的操作和空，大真理的范畴用来建构自身仅仅是一种教条式的恐怖。为了反对这种情况，智者们在任何便利的时候，都会指出让哲学欲望的许诺向暴行妥协。

这就是我们今天真正面临的问题。哲学终结的理念也是大真理范畴终结的理念。毫无疑问，这涉及对这个世纪灾难的评价。教条式的恐怖采取了国家的形式。教条的哲人尽他们所能地在治安和集中营中冒险行事。场所被升华了，神圣之名得到赞美。灾难让哲学妥协。任何在马克思主义下的忠诚就像暧昧不清的海德格尔一样，不过是这种妥协的化身。可以看到，哲学所付出的代价是放弃了空与永恒，放弃了它的操作。哲学的大家就是希望在时代之中实现自己。

然而，严格来说，断言哲学的终结和大真理的不相关性是智者对这个世纪的评价。我们看到了第一种反柏拉图的报复，因为当代"哲学"就是一种一般化的智术，这种智术既无天赋也不伟大。语言游戏、解构、虚弱的思考、无法弥补的异质性、争议和差异、理性的毁灭、碎片化的发展和支离破碎的话语，所有这些论点都倾向于智者的思想线索，将哲学置于困境之中。

我们可以简单地说：随着智者或对这个世纪灾难的后现代的评价到来的是一个反智者评价的时代。这些灾难诞生于在大写历史记录下的哲学阵发性的意志，由于大写真理的灾难来源于这一事实，即迷恋于自己的过去和成长，哲学放弃了空和永恒。因此，可以说，新哲学的评价应当是直接反对历史的权威，反对历史主义。

其关键在于再一次在其操作中、在其把握能力中，使用大真理的范畴。这种安排综合并超越了伟大的现代智术。事实上，大真理必须通过语言规律、运气、不可认识之物、事件和独特性来重构其螯钳。哲学必须清晰地思考其作为空的核心范畴。但哲学也必须坚持认为，这种空是一种实际操作的前提。哲学必须放弃既不按照当代数学建立起来的顺序链接，也不按照当代诗学建立起来的升华与临界的态度。爱的内在张力将会在逻辑的扭曲和精神分析的转向中得到启迪。有说服力的政治策略也将会被关于政治和民主的争论所启迪。

这将会是我的命题的第 5 个变体。我们可以简单地概括为：

命题 5　哲学是可能的

随之引出了这个变体的变体——让我们将之作为命题 5b：

命题 5b　哲学是必需的

在这里，这并不是哲学史的问题，也不是意识形态的问题，而是美学、认识论或者政治社会学的问题。这些问题都没有考察过语言规律的问题。这是哲学**本身**的问题，是在哲学自己独特的划界之中，在符合我所提出的哲学定义之中的问题，这也正是柏拉图所提出的哲学问题。

我们可以也必须写出我们自己时代的《理想国》和《会饮篇》。关于智者，柏拉图有《高尔吉亚篇》和《普罗泰戈拉篇》，因此我们必须有《尼采篇》和《维特根斯坦篇》。还有，对于少数智者来说，我们还可以写出《瓦蒂莫篇》和《理查德·罗蒂篇》。这些不多不少地引起争议，也不多不少地获得尊重。

哲学是可能的，哲学是必须的。但对于其将会存在，哲学必须被我们所欲望。拉库-拉巴特说历史——它是对纳粹的野蛮主义进行思考——从今往后禁止我们去欲望哲学。我不能同意他的观点，因为这样的信念让哲学家从一开始在同现代智术的斗争中处于弱势。另一种出路是可能的：渴望用哲学来反对历史，去打破历史主义。那么哲学重现作为其所是而出现，一种永恒性明亮的开始，没有上帝，没有灵魂，正是这一事实让我们可以同意下面这一点，即存在着诸多真理。这就是我们的方向,对于思想而言,我会毫不迟疑地将之作为**责任**。如果我们像马拉美一样,将哲学上大真理永恒的空同理想的温床做个比较的话,那么非在之花将会绽放,而它们的类性——"彩虹的家族"——将只能在哲学家的操作中存在,我会和马拉美一起混合着赞美和命令地说道——正如大真理将艺术的构想附加在知识的构想之上:

> 长久渴望的光辉荣耀,理念呀
> 我这里的一切都是为了赞美看到你
> 彩虹的家族
> 承担其这新责任

这样的责任,这样回复到肯定性的思想,也都是一场赌博。马拉美再一次说道:"所有思想都在骰子一掷中涌出。"让我们掷下哲学的骰子,当骰子落定的时候,仍有时间去与现代智者争论,这就是马拉美所谓的"在创造中的整体算计"。

附录二

哲学的定义

哲学是由前提限定的，这些前提是真理程序或类性程序。这些类型包括科学（更准确地说是数元）、艺术（更准确地说是诗）、政治（更准确地说是领域之内的政治或解放政治）和爱（更准确地说是让彼此不相关的两性立场中涌现出的真理程序）。

哲学是思想的场所，在那里，哲学说出了"存在"真理，并声称诸多真理具有共存的可能性。为了这个目的，其构建了一个操作性的范畴，即大真理，它开启了思想之中积极活跃的空。这个空是按照对连续序列的颠覆（论证解释的风格）和临界点的另一边（具有说服力的或主体化的解释）来定位的。哲学作为一种话语，是知识构想和艺术构想的超级组合。

在两种构想之间的裂缝和隔断所开启的空中，哲学把握了各种真理。这种把握就是哲学的行为。通过这种行为，哲学宣布那里有诸多真理，并以某种方式运作着，通过这种"那里有"所把握的思想。这种行为下的把握证明了思想的统一性。

　　作为知识构想,哲学模仿了数元。作为艺术构想,它模仿了诗。作为一种行为的张力,它如同爱一般没有一个对象。它向所有人提出,为了让所有人全部都参与到对真理实存的把握之中,这就像一种没有任何权力风险的政治策略。

　　通过四个方面分散的模仿,哲学在其自身之中将四种前提扭结为一个体系。这就是为什么说,存在一种与这个时代风格完全同质的哲学。然而,这种永恒的当代性并不是走向经验性时间,而是走向柏拉图所谓的"时光永驻",一种时间的无时间的本质,哲学将之命名为永恒。哲学对诸真理的把握将它们置于永恒之中——我们可以跟着尼采说,在它们**轮回**之后的永恒。这种永恒的展现是一种彻底的真,因为诸真理是在它们时代的道路上最突然的紧急事件和最极端的危险之中来把握的。

　　把握的行为,如引导它的永恒,将诸真理从感觉的脉络中连根拔起。它将真理与俗世的法则分离开来。哲学是一种缩减,因为它在感觉上打了一个洞,或者让感觉的循环发生了中断,因为诸真理要一并来说。哲学就是一种无感觉的行为,其途径是它在事实上的理性。

　　哲学从来不会对经验进行解释,它是与诸真理相关的大真理的操作,且这个操作要按照俗世的法则。这些法则甚至不会生产出一个真理,它是非生产性的,面对的是无对象的主体，一个主体仅仅在其把握中向诸真理开放。

让我们将认为在诸真理和感觉循环之间具有连续性的所有东西都称为"宗教"。那么可以说：反对一切解释即反对宗教的感觉规则，哲学用作为背景的空部署了诸真理的共存可能性。这样，哲学将思想从显在的所有前设中分离出来。

在缩减的操作中，哲学"在感觉之外"把握了诸真理，这种操作与四种模态紧密相关：无法决定的东西，它与事件有关（真理不在，它只降临）；不可认识的东西，它与自由有关（真理的路径是没有约束的，它是一种冒险）；类性，它与存在有关（真理的存在是一种从知识中的所有谓项中抽离出来的无限集合）；无法命名的东西，它与大善有关（强迫给无法命名的东西命名将会招致灾难）。

将四种缩减的形象（不可决定之物、不可认识之物、类性之物和无法命名之物）链接在一起阐明了大真理的哲学学说。这个规划将空的思想作为一种背景，而对诸真理的把握就建基在这个背景之上。

整个哲学程序是由一个特殊的对手来激化的，这就是智者。智者在外表上（或分开来看）与哲学家差不多，因为智者的操作也会将知识的构想和诗的构想结合起来。在主观上，智者之所以与哲学家对立，是因为他们语言策略旨在回避任何真理中的肯定性断言。在这个方面，哲学也可以界定为一种操作，在那里，所有不可认识的话语都是彼此对立的。或者说,将其自身同其疑虑分离开来。哲学往往是对镜像的打破。这个镜像就是语言的表面,在这个表面层上,智者设定了哲学在其操作中处置的一切。如果哲学家宣布在这个独特的表面层来思考自己,他会看到自己的复制体——智者,突然从那里向前一跃,这样可以将自己作为一个智者。

同智者的关系在内部将哲学揭示为一种企图,即其后果是将之一分为二。对于**一次性全部**消灭智者的意愿,让对真理的把握遭受挫折:"一次性全部"不可避免地意味着大真理取消了诸真理的随机性,而哲学不恰当地将自己宣称为诸真理的生产者。在那里,存在真实加入了大真理的双重操作的场阈之中。

于是,神圣、迷狂和恐怖三方面的后果腐蚀着哲学操作,或许还会引领哲学,从维持自己操作的谜一样的空走向刑事定罪。在那里,哲学是思想中所有劫难的指引。

哲学的伦理,是与灾难进行斗争,且可以在智者不断的怀疑下所不断坚持的东西。由于这种东西,哲学从将自己一分为二的企图(按照空/实体的配对)中抽离出来,其目的是奠定哲学的第一个二元对立体(智者/哲学家)。

哲学史就是其伦理电影历史:一种强迫的连续序列。通过它,哲学从灾难性的再配对中撤离。更准确地说,哲学在其历史中仅仅是一种对大真理的去实体化,这也是哲学操作的自我解放。

© Editions du Seuil, 1989 pour «Manifeste pour la philosophie»
© Editions du Seuil, 1992 pour «Conditions»
Simplified Chinese edition © 2014 Nanjing University Press Co., Ltd.
All rights reserved

江苏省版权局著作权合同登记　图字：10-2011-281号

图书在版编目（CIP）数据

哲学宣言／（法）巴迪欧著；蓝江译. —南京：
南京大学出版社，2014.1（2024.4重印）
（当代激进思想家译丛／张一兵主编）
ISBN 978-7-305-12382-5

Ⅰ.①哲… Ⅱ.①巴…②蓝… Ⅲ.①现代哲学—法国 Ⅳ.①B565.59

中国版本图书馆CIP数据核字（2013）第263138号

出版发行	南京大学出版社
社　　址	南京市汉口路22号　邮　编 210093
丛 书 名	当代激进思想家译丛
书　　名	哲学宣言
	ZHEXUE XUANYAN
著　　者	［法］阿兰·巴迪欧
译　　者	蓝　江
责任编辑	刁晓静
照　　排	南京紫藤制版印务中心
印　　刷	南京爱德印刷有限公司
开　　本	635 mm×965 mm　1/16　印张 8.5　字数 70千
版　　次	2014年1月第1版　2024年4月第5次印刷
ISBN	978-7-305-12382-5
定　　价	35.00元

网　　址　http://www.njupco.com
官方微博　http://weibo.com/njupco
官方微信　njupress
销售咨询　(025) 83594756

＊版权所有，侵权必究
＊凡购买南大版图书，如有印装质量问题，请与所购图书销售部门联系调换